für Lisa und Dorit und Xaver

Gabi Eichl

Die hohe Kunst des Schneckenzerschneidens

Kurzgeschichten

© 2020 Gabi Eichl

Autor: Gabi Eichl
Umschlagfoto: Chris Panas, unsplash.com

ISBN:
978-3-7497-7796-9 (Paperback)
978-3-7497-7797-6 (Hardcover)
978-3-7497-7798-3 (e-Book)

Verlag & Druck: tradition GmbH, Halenreie 40-44, 22359 Hamburg

Das Werk, einschließlich seiner Teile, ist urheberrechtlich geschützt. Jede Verwertung ist ohne Zustimmung des Verlages und des Autors unzulässig. Dies gilt insbesondere für die elektronische oder sonstige Vervielfältigung, Übersetzung, Verbreitung und öffentliche Zugänglichmachung.

Bibliografische Information der Deutschen Nationalbibliothek:
Die Deutsche Nationalbibliothek verzeichnet diese Publikation in der Deutschen Nationalbibliografie; detaillierte bibliografische Daten sind im Internet über http://dnb.d-nb.de abrufbar.

Herr Dietrich

Von diesem Garten hatte er geträumt. Ein Garten wie die in seinen schönen Bildbänden. Ein Garten zum Träumen. Ein Garten zum Lustwandeln. Ein Garten zum Lustgraben. Und Graben war Herrn Dietrichs Lust. Das Graben in fruchtbarer Erde. Mit eigenen Händen. Und durch das Graben die Erde noch fruchtbarer machen. Er liebte, was er tat. Was er tun musste.

Seit Herr Dietrich den Garten entdeckt hatte, arbeitete er mehr als je zuvor. Er hatte sich vorgenommen, unter diesem Garten das ausgeklügeltste Höhlensystem anzulegen, das je ein Maulwurf unter einem Garten gegraben hatte. Ein Höhlensystem für seine Familie, so sicher wie kein anderes Maulwurfsheim. Mit vielen Blindgängen. Mit Notausgängen in alle Richtungen. Und dort wollte er dann bleiben mit seiner Familie. Unter diesem wunderschönen Garten.

Herr Dietrich hatte noch niemals so schöne Gänge gegraben. Er streichelte sorgsam die Wände glatt. Ihm schien, als sei die Erde unter diesem himmlischen Garten leicht und weich. Und sie schien sogar zu duften. Nach der herrlichen Ramblerrose, die sich oben um den alten Apfelbaum wand. Nach den Lavendelstöcken unter den Strauchrosen. Nach den Glockenblumen zwischen den Zwergröschen. Gar nicht zu sprechen von den Rosen selbst. Herr Dietrich benannte die Gänge seines Höhlensystems nach den am schönsten duftenden Rosen darüber. Da gab es den Gang „Bobby James", der mündete in den Gang „Gloire de Dijon". Dann gab es Gänge, die hießen „Glenn Dale" oder „Paul Cezanne Delbard". Oder „Taunusblümchen Weigand". Oder „Camille Pissarro".

Die klingenden Namen hatte Herr Dietrich aus einem Buch über alte Rosen, das ihm seine Großmutter hinterlassen hatte. Eine ausgewiesene Rosenkennerin, die genau gewusst hatte, wie man die Erde unter einer Rose umgraben musste.

Was Herr Dietrich nicht bedachte in seiner Begeisterung für den Zaubergarten: Er warf so viele Hügel auf, dass die Dame, die mit diesem Garten alt geworden war, nicht mehr wusste, wohin sie all die Erde verteilen sollte, die das Tier täglich aus dem Boden schaufelte.

Niemals wäre Ehrentraud S. auf den Gedanken gekommen, den Maulwurf zu töten. Aber er bereitete ihr inzwischen schlaflose Nächte. Nicht nur, dass die Hügel ihren Schönheitssinn störten. Wohin mit all der Erde? Ihr Nachbar hatte ihr geraten, das Tier zu vergiften. Frau S. war darüber so empört gewesen, dass sie dem tüchtigen Mann, der ihr wöchentlich den Rasen mähte, erstmals keinen Tee angeboten hatte.

An einem Dienstag stand Ehrentraud S. kopfschüttelnd vor einem der Hügel, als Herr Dietrich den Kopf aus der Erde reckte. Beide erschraken sie. Das Tier ebenso wie die alte Dame. Frau S. fasste sich als erste. Sie wusste nicht, warum sie es tat, aber sie sagte zu dem Maulwurf: „Warum machen Sie das? Die viele Erde ..." Und Herr Dietrich antwortete: „Verzeihen Sie, Verehrteste, das ließ sich nicht vermeiden. Ich wäre dann aber fertig." Worauf Frau S. ihn zu einem Tässchen Margaret´s Hope einlud.

Mobilmachung

Als Karl (73) den jugendlichen BMW-Fahrer an den Zebrastreifen heranpreschen sah, erstarrten seine verrosteten Glieder. Und als der junge Affe dann nur wenige Zentimeter vor Karls Schuhspitze bremste, wusste er, dass der Spazierstock mit eingebauter Schrotflinte fällig war.

Als Margarete (82) von dem Nachwuchspolitiker las, der ihresgleichen die neue Hüfte streitig machen wollte, war sie für einen Moment den Tränen nahe. Sie rief ihre Tochter an, ließ sich trösten und griff dann zu dem Katalog, den sie dieser Tage ins Haus bekommen hatte. Sie entschied sich für den unauffälligen Regenschirm mit Automatik-Bajonett.

Als Rudolf (93) in seiner Stammkneipe zum wiederholten Mal am Nebentisch eine demütigende Diskussion über „die Alten" verfolgt hatte, über diese „Schmarotzer", die „auf unsere Kosten auf Kreuzfahrt gehen", da wusste er, dass die Zeit gekommen war. Er ging nach Hause, stieg auf den Dachboden und entnahm einem Kästchen eine sorgsam gepflegte Granate von damals.

Als Theresia (91) von der Schwester im Heim gefragt wurde, ob sie sich in ihrem Alter noch die Nägel vom letzten Oberschenkelhalsbruch aus dem Bein operieren lassen wolle, was das koste, da wusste Theresia, dass es Zeit war, der Schwester eine Tasse Tee anzubieten. Sie hatte das Pulver schon vor Jahren aus einem Selbsthilfekatalog bestellt.

Als Max (69) bemerkte, dass sein junger Zimmergenosse von Schwestern und Pflegern weit fürsorglicher behandelt wurde als er selbst, als er hörte, wie die Ärzte bei der Visite murmelten: „69, das lohnt sich nicht mehr...", da ließ er sich ein Telefon ans Bett bringen und gab den Einsatzbefehl ...

„Bleiben Sie bitte sehr realistisch"

Irmgard Mellendorf-Sittler saß vor ihrem Tablet. Vor sich die Kanne mit der Lastrumer Mischung, ihrer bevorzugten Kräutertee-Sorte, die sie nach der fünften Tasse zuverlässig in den Schlaf wiegte. Sie hatte erst zwei Tassen getrunken und grübelte über der Frage: „Wie würden Sie Ihr Aussehen beschreiben?" Nebenbei lief eine ihrer Lieblingsserien, die sie jederzeit in der erforderlichen Tonlage mitsprechen konnte. Sie hatte den Hinweis zur Beantwortung der Frage wieder und wieder gelesen: „Bleiben Sie bitte sehr realistisch. Unserer Erfahrung nach führen Beschönigungen gerade an dieser Stelle zu unschönen Real-Erlebnissen." Real-Erlebnisse! Irmgard Mellendorf-Sittler erschauderte bei dem Gedanken an Real-Erlebnisse. Was für ein kantiges Wort, das gleichzeitig so süße Verschlingungen in sich barg.

„Bleiben Sie bitte sehr realistisch." Das sagte sich leicht. Sie war etwas füllig geworden in den vergangenen Jahren. „Etwas füllig", so nannte sie selbst es. Die alten Schulfreundinnen, die kaum weniger auf die Waage brachten, hatten andere Ausdrücke, die nicht besser waren. Die eine nannte sich munter „ein wenig barock", die andere behauptete mit breitem Lachen: „Ich halte mein Gewicht seit Jahren." Wie sie dazu nur lachen konnte … Irmgard hatte sich an jeder Diät jeder Frauenzeitschrift abgearbeitet und einmal sogar eine Saturnologin zu Rate gezogen, der sie drei Wochen lang geglaubt hatte, der Saturn mache in seinem dritten Mond grundsätzlich dick. Es gelte also, den Saturn in seinem dritten Mond zu meiden. Was nichts anderes hieß, als dass man sich in der letzten Juli-Woche eines jeden Jahres aufzulösen hatte, denn nur so war der dritte Saturn-Mond zu umgehen. Heute konnte sie darüber bitter lachen. Wie viel die Saturnologin ihr abgenommen hatte, wussten bis heute nicht einmal die dicken Freundinnen.

„Vollschlank." Dieses grauenhafte Wort wurde ihr in der Auswahl angeboten. Sie schrieb stattdessen nach einigem Überlegen unter „Sonstige Merkmale" mutig: „Ich halte mein Gewicht seit

Jahren." Dann wurde nach Haar und Haut gefragt. Mein Gott, das Haar. Es war einmal füllig gewesen. Dunkel. Lang. Verführerisch. Alles vorbei. Sie hatte heute Mühe, es so zu kämmen, dass es einigermaßen natürlich fiel. Was taten nur andere in ihrem Alter? Setzten die eine Perücke auf? Sollte sie sich eine solche anfertigen lassen? Für alle Fälle? Und wie bewältigte man ein Real-Erlebnis mit einer Perücke? Sie gab nach einer Weile ein: lang, dunkel. Niemand konnte von ihr verlangen nachzuzählen, ob es mehr dunkle oder mehr graue Haare waren.

Die Frage nach der Haut: Grundgütiger, sie hatte die Haut einer Fünfzigjährigen. Punkt. Was sollte sie da hinschreiben? Es war nicht einmal eine Multiple-Choice-Frage. Keine Vorlagen. Da konnte man nur alles falsch machen. Sie entschied, die Frage offenzulassen. Inzwischen hatte die vierte Tasse Lastrumer Mischung sie in ihrer Gewalt.

„Ich geh´ jetzt ins Bett", schrie sie nach einer weiteren halben Stunde das Tablet an. Löschte das unvollständige Profil. Löschte die App. Und als sie am nächsten Tag mit einer Uralt-Freundin telefonierte, sagte sie: „Die C. hat sich schon wieder auf so einem Dating-Portal angemeldet. Mir wär´ das viel zu blöd. Nur gut, dass wir keinen mehr suchen."

Die Geste einer Königin

Sie fällt ihm das erste Mal beim Brot auf. Die Frau nimmt das billigste. Abgepacktes Mischbrot. Hat keinen Blick für die Zutatenliste. Sieht vermutlich nur das Preisschild. Sein Urteil ist schnell gefällt. Lebt von der Stütze. Hat mit dem Leben abgeschlossen. Bunt gemusterter Anorak. Vollkommen aus der Mode. Dazu lila Leggings über kräftigen Waden und Schenkeln. An den Füßen Halbschuhe mit kleinen Stöckeln und weiße Söckchen.

Er sieht sie wieder beim Käse. Die Frau nimmt die im Preis reduzierten Scheiben einer nicht mehr frischen Aufschnittware. Steht dann eine Weile beim Fisch. Nimmt aber nichts. An der Wurst-Theke kauft sie nur Angebote. Fragt bei jeder Sorte noch einmal nach dem Preis. Er steht hinter ihr und denkt: Warum sieht Armut so hässlich aus? Warum macht Armut so hässlich? Schämt sich der Gedanken, kann sie aber nicht abstellen.

Seltsamerweise läuft die Frau ihm immer wieder über den Weg. Sie kauft noch eine Packung No-Name-Klopapier, ein billiges Haarspray, steht eine Weile unschlüssig bei Chips und Schokolade, geht weiter, ohne etwas zu nehmen. Kehrt noch einmal um und greift nach einer Tüte Billig-Chips.

Dann steht sie lange am Weinregal. Sieht sich ein paarmal um dabei. Nimmt eine der teureren Flaschen Rotwein in die Hand und stellt sie wieder zurück. Entscheidet sich für zwei Tetra-Paks. An der Kasse legt sie ein Päckchen Billig-Zigaretten zu den wenigen Sachen in ihrem Wagen. Er sieht, wie die Frau verstohlen in ihre zerschlissene Geldbörse blickt. Eine von der Sorte, die bei Weltspartagen verteilt wird. Dunkelrotes Kunstleder, an den Rändern ausgefranst.

Er will gerade seine Sachen vom Band in die gekaufte Plastiktüte packen, als die Frau, die distanzlos nah hinter ihm steht, unvermittelt nach der Tasche greift, lächelt, die Tasche auffaltet und aufhält. Er stammelt: „Danke. Sehr nett." Und: „Wirklich sehr nett von Ihnen." Sie meint nur: „Nicht der Rede wert."

Die Frau ist eine Königin. Und er hat es nicht erkannt. Er muss noch tagelang an sie denken ...

Tödliche Erfüllung

Er hatte aufgehört zu zählen. Er wusste nicht mehr, wie oft er den Kampf verloren hatte. Es spielte keine Rolle. Es waren jedes Mal große Momente in seinem Leben gewesen. Nicht einen wollte er missen. Niederlagen allesamt, aber rechtschaffene. Große Niederlagen. Leidenschaftliche. Hier der Mann mit der Angel in der Hand. Dort der Fisch. Und je öfter er mit dem Fisch gekämpft hatte, umso mehr war sein Respekt vor ihm gewachsen. Gleichzeitig aber die Gier auf einen Sieg.

Es war eine Gier. Eine Besessenheit. Er hatte kein Recht mehr, dem Fisch nachzustellen. Das Tier hatte sich so lange erfolgreich gewehrt. Es war an der Zeit, seine Stärke anzuerkennen und den Kampf zu beenden. Woher nur dieser Hunger nach einem Sieg? Er war ein guter Angler. Gehörte dazu nicht, die eigenen Grenzen zu erkennen? Diese hässliche Gier nach dem Tod des Fisches hatte etwas Hinterhältiges. Sie machte aus dem ehrenvollen Kampf etwas Kleines, Schmutziges.

Er war jetzt 73 und stritt seit Jahren mäßig erfolgreich mit seinem Morbus Crohn. Das heißt, sein Darm stritt. Und ehe dieser damit angefangen hatte, hatte er sich nicht vorstellen können, wie schwer die Tage sein konnten, wenn der Darm verrückt spielte. Es war eine unappetitliche Krankheit. Er sprach nicht darüber. Außer seiner Frau und seinem Sohn wusste niemand davon. Es war kein Thema für den Stammtisch.

Dennoch war er ein starker Mann geblieben. Groß. Für sein Alter kräftig. Er hatte gute Tage, an denen er seinen Darm für kurze Zeit vergaß. Es waren diese Tage, an denen er Pläne schmiedete. Und immer drehten sie sich um den Fisch. Ein alter, großer Leng. Vermutlich so lang wie er selbst. Mindestens aber einen Meter fünfundsiebzig. Und das war für einen Leng sehr lang.

Er hatte den Fisch in jenem Sommer vor acht Jahren zum ersten Mal an der Angel gehabt. Ein Angelurlaub im Süden Norwegens, zu dem ihn sein Sohn begleitet hatte. Nicht aus Leidenschaft, sondern weil er den Vater nicht allein hatte fahren lassen wollen. Seine Frau war zu Hause geblieben. Das kleine Häuschen an der Küste hatte für sie nichts Reizvolles. Sie sah sich stundenlang allein mit ihren Romanen sitzen, während ihr Mann und ihr Sohn fischen gingen. Romane konnte sie auch zu Hause lesen. Dazu musste sie nicht an eine einsame Küste in Norwegen fahren. Sie mochte das Meer wärmer.

Dass es seither immer der gleiche Fisch war, mit dem er kämpfte, das stand für ihn außer Frage. Er hatte alles über die Fischart gelesen. Einen Namen hatte er seinem Fisch dennoch nie gegeben. Sie waren Gegner, standen auf verschiedenen Seiten. Wenn er auch zugeben musste, dass es eine sonderbare Beziehung zwischen ihnen gab. Und sei es nur die, dass er nirgendwo anders mehr Urlaub gemacht hatte. Sein Sohn begleitete ihn längst nicht mehr, seine Frau machte Ferien in Umbrien. Sie hatte sich nie so zum Meer hingezogen gefühlt wie er.

Es sollte diesen Sommer der letzte Kampf werden. Er fuhr mit dem Vorsatz, es nur noch dieses eine Mal zu versuchen. Sollte der Fisch wieder gewinnen, wollte er es endgültig dabei bewenden lassen.

Kaum hatte der alte Mann die Angel ausgeworfen, zog der Fisch beinahe aufreizende Kreise um das Boot. Als wüsste er, dass es nur noch dieses einen Sieges bedurfte, um für immer in Ruhe gelassen zu werden. Er war schön, dieser große, starke Fisch. Der Mann verzog den Mund: Wie kam er nur dazu, diesem Tier nach dem Leben zu trachten?

Er hatte ein Päckchen am Haken, dem der Fisch nicht würde widerstehen können. Eine Stunde saß er, während der Fisch nur seine Kreise zog. Doch er würde heute beißen. Er musste. Es gab nur noch diesen einen Tag. Und dann spürte er den Gegendruck an der Angel. Spürte, wie er zog. Spürte die Kraft des Fisches. Seines Fisches.

Der Mann im Boot zog alle Register seines Könnens. Dasselbe tat der Fisch. Schien bisweilen absichtlich locker zu lassen, um ihn in Sicherheit zu wiegen. Nur um dann mit einem heftigen Ruck anzureißen, wenn er nicht darauf gefasst war. Der Kampf dauerte stundenlang. Und der alte Mann merkte, wie ihn die Kräfte verließen. Er merkte aber auch, dass der Fisch an seinen Grenzen kämpfte.

Der Mann ahnte mehr, als es ihm bewusst war, dass sein Einsatz diesmal zu hoch war. Dass es nicht nur für den Fisch um Tod oder Leben ging. Je länger dieser zog und lockerließ, umso mehr spürte er, wie sein nicht mehr junges Herz schrie, den Kampf augenblicklich zu beenden. Gleichzeitig rumorte sein Darm. Als habe dieser sich mit seinem Herz verbündet. Und dann hörte der Widerstand so abrupt auf, dass er beinahe aufgeschrien hätte. Langsam kurbelte er das Tier zu sich heran. Ihre Blicke trafen sich.

Sie sahen friedlich aus, als man sie fand. Mehr wie Liebende denn tödliche Gegner. Der alte Mann hatte den Fisch noch ins Boot gehoben und ihm den Haken aus dem Maul gewunden. Beim Versuch, ihn wieder ins Wasser zu werfen, war er offenbar zusammengebrochen.

Begegnung der Dritten Art

Sie hatte sich schick gemacht. Nach den klösterlichen Jahren, die sie hinter sich hatte, kicherte sie wie ein Schulmädchen lautlos in sich hinein angesichts der Vorstellung, mit einem wildfremden Mann ins Restaurant zu gehen. Sie hatte zu der feinen Spitzenwäsche gegriffen, die ihr verstorbener Gatte ihr einst von einer Geschäftsreise mitgebracht, die sie zu seinem Bedauern aber niemals getragen hatte. Darüber das dunkelgrüne Plissee-Kleid mit den Schößchen, das so mit ihrem hellen Teint harmonierte. Und das weiße Lackleder-Täschchen. Sie war sogar zur Dauerwelle gewesen.

Dann saß sie ihm gegenüber. Ein gepflegter älterer Herr, leicht beleibt, eine stattliche Erscheinung. Die etwas altbackene Hose-Sakko-Kombination und der stechend blaue Binder irritierten sie nicht. Der Mann hatte ein einnehmendes Lächeln und gute Manieren. Machte ihr sogleich ein Kompliment für das schöne Kleid, das sie schicklich gesenkten Blickes quittierte.

Sie bestellte die knusprige Schweinshaxe, er nahm den Salat mit geräucherten Tofu-Streifen, dazu einen Brennnessel-Tee, während sie sich für einen Grauen Burgunder entschied. Als sie Wein- an Teeglas stießen, berührten sich ihre Fingerspitzen für einen Moment und beide stießen beinahe augenblicklich ein leises, wiewohl unkontrolliertes Glucksen aus. Hatten sich aber sofort wieder unter Kontrolle. Sie senkte rasch die Augen auf den Teller, hörte ihn nur höflich, wenn auch offensichtlich gequält die Knusperkruste der Haxe loben. Ihr wollte im Gegenzug partout keine passende Bemerkung zu seinen Tofu-Streifen einfallen.

Sie aßen, ohne auf den Teller des Gegenübers zu blicken. Hoben nur verstohlen den Blick, wenn sie zu den Gläsern griffen. Als abgetragen war, überlegte sie rasch, welches der Themen, die sie sich vorher zurechtgelegt hatte, sie anschneiden sollte. Sie beschloss abzuwarten, bis er den gewaltigen Eisbecher vor sich geleert hatte.

Plötzlich spürte sie eine Berührung unter dem Tisch. Sein Fuß? Es durchfuhr sie heißkalt. Würde er spüren, dass sie Stützstrümpfe trug? Sie hatte die Dame im Sanitätshaus ausdrücklich um ein möglichst elegantes, dünnes Paar gebeten.

Als sie sein Bein zunehmend werbender an dem ihren spürte, war sie sicher, dass er nichts von den Stützstrümpfen bemerkte und wurde mutiger. Sie würde es irgendwie schaffen, sollte es zum Äußersten kommen, den stäbchenbewehrten Büstenhalter anzubehalten, um nicht hängen lassen zu müssen, was der Schwerkraft nichts mehr entgegenzusetzen hatte. Und wenn sie das Ungetüm als der Erotik letzter Schrei verkaufen musste. In dem Moment fielen ihm die „Dritten" in den Sahnerest im Eisbecher. Ihr Schrei gellte durchs ganze Lokal ...

Gottfried ist unsterblich

Anfangs sprachen Herrmann und Fausthild S. nicht darüber. Darüber zu sprechen hätte bedeutet, zuzugeben, dass man beunruhigt war. Hätte als eine Art Eingeständnis einer Schuld gedeutet werden können. Und das wollten beide unbedingt vermeiden. So wie sie seit jenem Tag nie wieder seinen Namen ausgesprochen hatten. Und doch hatte Gottfried nie aufgehört, im Haus anwesend zu sein.

Gottfried, der exzentrische Dackel. Zuckersüß dreinblickend, hinterhältig schnappend. Dackel eben. Ein Charakter, der dem Tier angeboren war. Für den es nichts konnte. Und sie waren gewarnt worden. Hatten gewusst, dass jeder Hund sich erziehen lässt. Der eine mehr, der andere weniger. Nur ein Dackel nicht. Ein Dackel wie Gottfried, den sie vor zwei Wochen auf so grausame Weise aus ihrem Leben geworfen hatten.

Fausthild begann als erste zu sprechen. Zaghaft. Vorsichtig. Fragte wie beiläufig, ob er auch schon von „ihm" geträumt habe. Wobei ihr das „ihm" kaum über die Lippen wollte. Und war dann umso irritierter, als Herrmann nach kurzem Zögern zugab, keine Nacht mehr ohne denselben Traum zu überstehen. Beider Träume erwiesen sich als vollkommen identisch: Gottfried humpelt nach der Tat mit gebrochenen Beinen über die Autobahn, winselt hysterisch und wird dann von einem Lastwagen zermalmt. Im Traum dauerte das Krachen der Knochen minutenlang, es schien kein Ende zu nehmen. Und dann wachten beide auf mit dem Bild, wie Gottfried wieder einmal mitten ins Wohnzimmer pinkelte.

Ein halbes Jahr und enorme Tierheimspenden später mussten Herrmann und Fausthild erkennen, dass sie mit Gottfried würden leben müssen. Die Träume hatten inzwischen bizarre Formen angenommen. Einmal wurde Fausthilds Kopf vom Lkw-Reifen zerquetscht, während Gottfried mit aufgebrochenem Leib danebenstand und winkte. Einmal trennte der Lkw Herrmanns Unterleib ab, am Steuer des Lkws: Gottfried.

Die Untersuchungen wurden nach einem halben Jahr ergebnislos eingestellt. Das Ehepaar S. - gut situiert, gut beleumundet - hatte offenbar gemeinschaftlichen Selbstmord begangen. Fausthild S. war dem Anschein nach bei hohem Tempo ohne Fremdeinwirkung auf der Autobahn aus dem Fenster gesprungen, während Herrmann S. den Wagen kurz darauf aus 50 Meter Höhe in die Amper gesteuert hatte.

Hier bin ich Fußboden, hier darf ich´s sein

Einen Gast seiner Schuhe zu berauben, hat etwas Entwürdigendes. Vom Fußboden wird zwar auch in denjenigen Familien eher selten gegessen, in denen die Kinder keimfrei auf dem Boden herumrobben. Aber Fußböden sind schon lange nicht mehr das, was sie einmal waren. Zum Leidwesen vieler Gäste - und noch mehr Fußböden.

Ich stelle mir vor, wie Frau Baronin eine Einladung gibt. Der Adel fährt vor - und Frau Baronin verlangt im Entrée, die Damen und Herren möchten doch bitte die Schuhe ausziehen. Man habe für jeden Hausschlappen bereitgestellt. Die Baronin wäre fortan nicht mehr gesellschaftsfähig. Und das mit Recht! In dem Punkt hat der Adel immer noch mehr Gespür fürs Schickliche.

„Hier bin ich Fußboden, hier darf ich´s sein", hat mir dieser Tage mein schlichter, zerkratzter Kiefernholzboden zugeraunt. Er hat ein Faible für Goethe. Er wisse von Böden, ganz armen Fußböden, die man zu Esstellern habe machen wollen, zu Fußmassagesohlen und was nicht allem mehr. Er sprach´s mit einem solchen Grausen aus - ich wagte nicht nachzufragen, wie Fußböden untereinander in Kontakt träten. Und er schloss mit einem Schauder, der für einen Moment in Schuhen zu spüren war. Niemand möge glauben, so vertraute er mir an, es sei für einen Fußboden immer angenehm, in direkten Hautkontakt treten zu müssen.

Das Thema beschäftigt inzwischen auch die Therapeuten, wie der folgende Fall zeigt:

Fred K. aus Warnemünde: Meine Frau und ich sind sehr gesellig und laden gern Gäste ein. Dabei haben wir immer wieder einmal das Problem, dass nicht jeder Gast von sich aus die Schuhe auszieht. Wie können wir höflich, aber bestimmt darauf hinweisen, dass unser Haus nicht mit Straßenschuhen betreten werden darf?

Es ist schon vorgekommen, dass Gäste die Schwelle zu den Wohnräumen mit Schuhen an den Füßen übertreten haben. Wir putzen dann beide zwei Tage lang, bis wir uns wieder wohlfühlen. Denn meine Frau und ich verbringen gern Zeit auf unserem Fußboden. Wir frühstücken dort, spielen Gesellschaftsspiele oder befühlen einfach nur gemeinsam die gebohnerte, gewienerte, hochglänzende Oberfläche.

Dr. K: Ein häufiges Problem von Menschen, die eine sehr innige Verbindung zu ihren Fußböden pflegen, was nicht von jedermann verstanden wird. Zwar ist das Phänomen der Fußbodenliebe heute sehr viel häufiger anzutreffen als in früheren Zeiten, in denen der Fußboden meist nichts weiter als fester Boden unter den Füßen war. Dennoch gibt es nach wie vor Menschen, die ungern ihre Schuhe ausziehen. Dafür gibt es eine Vielzahl verständlicher Gründe: Schuhe vervollständigen die gepflegte Erscheinung eines Menschen; müssen die Schuhe ausgezogen werden, kann das Erscheinungsbild eines noch so elegant gekleideten Gastes sehr schnell ins Lächerliche rutschen. Mancher Mensch leidet an Fußschweiß, wodurch die Bitte, die Schuhe auszuziehen, zu einem höchst unangenehmen Eigentor werden kann. Das und mehr wäre zu bedenken, hilft aber denjenigen nicht, die nicht mit der Vorstellung leben können, dass Straßenstaub das wertvolle Bodenholz verunreinigt.

Wir empfehlen daher folgendes: Verschicken Sie künftig Einladungskarten, in denen Sie anstelle einer Kleiderordnung eine Strumpf- und Sockenordnung vorgeben. Jeder Gast wird durch Ablegen der Schuhe automatisch zeigen wollen, wie er Ihre Vorgaben auslegt. Bei weniger formellen Anlässen hat sich die Ankündigung von Strumpf- und Sockenspielen bewährt, die sich je nach Gesellschaft variieren lassen. Für unerwartete Gäste oder hartnäckige Verweigerer lassen sich neue Damen- und Herrenschuhe in den gängigen Größen bereithalten, deren Sohlen mit etwas Geschick bestrickt werden können. Die Gäste sind in diesem Fall jedoch unbedingt auf die Stricksohlen hinzuweisen, um ungewollte Stürze zu vermeiden.

Schwere Formen einer Straßenstaub-Phobie sollten zum eigenen Wohl aber vielleicht doch therapeutisch behandelt werden.

Jimmy starb ganz allein

In den ersten Tagen war das Erstaunlichste, dass die Hausfrauen weiterhin die Betten zum Lüften nach draußen hingen, die Werktätigen morgens zur Arbeit fuhren, die Mütter ihre Kinder spazieren schoben. Aber was hätten sie auch anderes tun sollen als das, was sie immer taten? Hätte Herr Nowak plötzlich nicht mehr zur Arbeit gehen sollen? Nur weil er am Morgen beim Rasieren jene Meldung gehört hatte? Er konnte doch nicht wegen eines Störfalls im Atomkraftwerk Temelin zu Hause bleiben. Auch wenn es eine verstörende Meldung gewesen war. Selbst für jemanden wie Herrn Nowak, der bisher unerschütterlich an die Sicherheit von Atomkraftwerken geglaubt hatte.

Die Bundesregierung hatte die Bevölkerung im Grenzgebiet zu Tschechien aufgefordert, sich mittels Radio auf dem Laufenden zu halten. Der Störfall sei der schwerste bisher und in seinem Ausmaß noch nicht vollständig abzuschätzen. Es bestehe jedoch keine akute Gefahr für die bundesdeutsche Bevölkerung, hieß es. Was Herrn Nowak verunsicherte, war der Hinweis, man möge sich „auf dem Laufenden halten". Wozu das, wenn keine Gefahr bestand?

Herr Nowak verabschiedete sich an diesem Morgen von seiner Frau mit dem Hinweis, sie solle immer wieder Radio hören. Mit diesem Temelin sei „irgendetwas passiert". Mehr sagte er nicht. Er wollte ihr keine Angst machen. Und er wollte auch keine Diskussion. Seine Frau hatte nie sein Zutrauen in die Sicherheit von Atomkraftwerken geteilt.

Frau Nowak schaltete sofort das Küchenradio an, als ihr Mann gegangen war. Das übliche Programm. Sie war erleichtert, aber auch auf eine seltsame Weise enttäuscht. Sie blieb noch eine Weile sitzen und machte sich dann an die Hausarbeit. Irgendwann riss die Sirene sie aus dem Trott. Seltsam. Die Sirene wurde üblicherweise an jedem Ersten des Monats geprüft. Es war aber nicht der Erste. Sie ging in die Küche, setzte sich vor das Radio. Es gab einen Aufruf, wonach die Bewohner des Grenzgebietes zu Tschechien die Fenster geschlossen halten und Jodtabletten einnehmen sollten. Frau Nowak fuhr zusammen. Sie verspürte für Bruchteile eine verstörende Erleichterung, da nun eingetreten war, was sie immer befürchtet hatte. Weit mehr empfand sie jedoch wie in jenem Moment, als sie vom Tod ihrer geliebten Mutter erfahren hatte. Es war ein Gefühl des Alleinseins, der Unabänderlichkeit, des Ich-wusste-dass-es-irgendwann-passiert. Frau Nowak saß da, den Staubsaugergriff in der Hand, und weinte hemmungslos: Es ist passiert. Wir werden alle sterben. Wird es schnell gehen? Oder haben wir noch eine Chance?

Als Herr Nowak an diesem Abend nach Hause kam, wusste er, was ihn erwartete. Seine Frau hatte ihn mehrmals im Büro angerufen, er hatte sie auf abends vertröstet. Er habe gerade Kundschaft, hatte er gesagt. Das stimmte nicht. Er hatte an diesem Tag keine Kundschaft gehabt. Er hatte Zeit gehabt, sich Gedanken zu machen. Und immer wieder war er bei dem Bild gelandet, wie er und seine Familie evakuiert wurden. Wie sie ihr vor zwei Jahren gebautes Haus verlassen mussten. Das Haus, in das seine Frau und er so viel Herzblut gesteckt hatten. Für das sie monatelang Angebote gewälzt, für das sie nach Feierabend geschuftet hatten, für das sie Monat für Monat einen gehörigen Batzen des Familieneinkommens abzwackten. Aber schön war es. Und bereut hatten sie es nicht. Die drei Kinder hatten ihren eigenen kleinen Spielplatz im Garten. Sie waren regelrecht aufgeblüht, seit sie aus der engen Stadtwohnung ausgezogen waren, die nicht einmal einen Balkon gehabt hatte.

Herrn Nowak war klar, dass ein GAU in Temelin bei ungünstiger Windrichtung das Ende für seine Familie bedeutete. Das Ende all ihrer Pläne, all ihrer Vorstellungen von einer auskömmlichen Zukunft. Einer Zukunft, die den Kindern alle Wege offen gehalten hätte. Die Nowaks hätten es sich leisten können, wenn sie sich eine Zeit lang ein wenig beschieden hätten. Und jetzt das! Aber vielleicht war es doch nicht so schlimm ... Herr Nowak wollte das so gern glauben. Doch er ahnte, dass es diesmal ernst war.

Die Nowaks hatten tagelang heiß diskutiert. Erstmals zeigte sich, wie sehr seine Frau und er in dieser Frage unterschiedlicher Meinung waren. Inzwischen wusste man, dass es sich tatsächlich um einen GAU in Temelin handelte. Und inzwischen war auch klar, dass ganze Landstriche evakuiert werden mussten. Allen voran die Oberpfalz, in der sich die Nowaks so gemütlich eingerichtet hatten. Vorbei die Sommer mit den Grillfesten mit den Nachbarn. Vorbei die schönen Abende zu zweit auf der Terrasse, von der sie so stolz auf den Garten geblickt hatten, auf die Schaukel und die Rutsche der Kinder. All das war für immer vorbei. Sie würden nie wieder zurückkehren können. Die Oberpfalz war für ein paar tausend Jahre nicht mehr bewohnbar.

Wenn Herr Nowak sich das vor Augen hielt, hatte er jedes Mal große Mühe, sich nicht einfach einem Weinkrampf zu ergeben. Aber warum nicht hemmungslos weinen? Was konnte einem Menschen, einer Familie Schlimmeres passieren? Ausgelöscht zu werden. Nicht plötzlich wie von einer Bombe getroffen, sondern schleichend. Das ganze Grauen erfahrend.

Die Nowaks durften ihren Hund nicht mitnehmen. Den treuen alten Jimmy. Hunde, Haustiere könnten nicht mit in die Auffangstation, hieß es. Das brach ihnen endgültig das Herz. Jimmy zurücklassen zu müssen, das war, als habe man Herrn und Frau Nowak und den drei Kindern einzeln einen Pfahl durchs Herz gebohrt. Der Hund war schon so viele Jahre Begleiter der Familie. Er hatte die Geburt jedes einzelnen Kindes miterlebt, er hatte den Hausbau begleitet, er hatte sich dann im eigenen Garten ungestüm auf dem Rücken gewälzt, als wollte er sagen: Hier bin ich, hier bleib´ ich. Er war das vierte Kind der Nowaks. Und das sollte zurückbleiben - in der verseuchten Zone, aus der man sie evakuierte.

Die Nowaks dachten oft an Jimmy, als sie auf ihren Matratzen lagen in jener scheußlichen Halle unter all den Entvölkerten. Vielleicht war er auf den Äckern rund um ihr Haus gestorben. An der Strahlenkrankheit. Ein Jäger würde ihn nicht mehr erschossen haben. Denn es gab keine Jäger mehr in der Oberpfalz. Wie es dort überhaupt keine Menschen mehr gab. Wenn sie sich in schönen Erinnerungen wiegen wollten, stellten sich die Nowaks vor, wie Jimmy inmitten einer Blumenwiese lag und ohne Schmerzen eingeschlafen war - neben dem Mauseloch, das er eben noch ausgehoben hatte. Herr Nowak wurde bald nach der Evakuierung ins Krankenhaus gebracht, er verließ es nicht mehr. Seine Frau und die beiden ältesten Töchter starben wenig später. Die jüngste Tochter lebte noch ein knappes Jahr. Allein. Unter Fremden. Ohne Jimmy. Der tatsächlich auf einer Wiese eingeschlafen war. Allein. Ohne seine Familie. Ohne zu verstehen …

Gott hab´ sie selig

Nachmittags im Café. Kaum Tische besetzt. Nur im Eck, am Stammtisch, eine Runde älterer Damen bei Kaffee und Kuchen. Die Damen scheinen sehr vertieft in ein Thema, zu dem jede etwas beizusteuern hat, auch die bisher schweigsame, scheu wirkende Mittsiebzigerin mit dem peinlich genau frisierten silbergrauen Haar über der Blümchenbluse. Die Damen ereifern sich, das Café hört unfreiwillig mit.

Es stellt sich heraus, dass keine der Damen mehr einen Mann an ihrer Seite hat. Und es ist auch nicht zu überhören, dass die Ottos, Franzens und Maxens in einem Punkt alle Ekel waren. Nämlich immer dann, wenn sie tiefschlafend anhuben zu tröten, zu prusten, zu jodeln oder zu röcheln. Eine Dame in weißer Bluse überm grauen Plissee-Rock erinnert sich kopfschüttelnd: „Es war furchtbar, ich schlafe eigentlich erst seitdem wieder." Seit Ottos Tod, sie muss es nicht aussprechen. Die Migräne sei weg, der Blutdruck wieder runter. Ihre Nachbarin vermeldet auch nur beste Werte seit dem Ableben des Gatten - Gott hab´ ihn selig.

Eine knapp Neunzigjährige erzählt davon, dass sie seit 25 Jahren das Paradies auf Erden hat. Nur manchmal habe ihr Rudolf sie noch heimgesucht - in ihren Albträumen. Und dann sah sie sich wie all die Jahrzehnte vorher wach liegen, das dicke Federkissen über den Ohren, die Fäuste geballt, den braven Schnarcher an ihrer Seite verfluchend, ihr Schicksal beweinend, die Schwester im Kloster beneidend.

Aus einer anderen Dame, ebenfalls mindestens im neunten Lebensjahrzehnt, bricht es geradezu heraus: „Ich hätte ihn erwürgen können!" Der solchermaßen Gescholtene ist längst begraben, seiner Gattin aber klingt das brutale Röcheln noch in den Ohren, das regelmäßig auch die Kinderschar zum Kreischen gebracht habe. Und die alte Frau gesteht nach einigem Zögern: „Ich wollte ihn einmal wirklich mit der Fliegenklatsche erschlagen."

Diät

Irma Rottenstein war sich eins mit dem Herrn, als sie sich versprach, Rührungs Sahnetorte fortan zu ignorieren. Sie hatte in diesem Moment Jesus Sirach 24,5 aus dem letzten Gemeindebrief vor Augen: „... in der Tiefe des Abgrunds ging ich umher." Und in einer Art innerer Ergebenheit war sie gewiss, sie würde am nächsten Donnerstag an Ewald Rührungs Konditorei vorbeigehen können, ohne einen Fuß hineinzusetzen. Es musste ein Leben fern dieser besonderen Art von Sahnetorte geben. Irma hatte daran keinen Zweifel mehr. Und der Herr würde an ihrer Seite sein.

Die Donnerstage waren bisher eine Art Leben im Leben gewesen. Ihre Donnerstage. Ihre Torten-Donnerstage. Irma dachte mit einem verklärten Lächeln an die Nachmittage auf dem alten Sofa. Die Tasse Margaret´s Hope Darjeeling vor sich, daneben das extra große Stück Erdbeer-Nougat-Sahne, das Ewald ihr wieder zurückgelegt hatte. Sie dachte an den ersten Schluck Tee, der nur aus der kleinen Hamburger Manufaktur kommen durfte, gefolgt von dem ersten Bissen. Und daran, wie sie jedes Mal versucht war, ihrem Konditor Ewald Rührung einen Altar zu errichten aus Hochachtung vor dessen Kunst, Sahne, Butter und Mehl zu verrühren.

Für einen kurzen Moment stellte sich Irma Rottenstein vor, was Ewald denken musste, wenn sie donnerstags ihr Tortenstück nicht abholen kam. Er würde vermutlich denken, sie habe einen neuen Konditor gefunden. Einen besseren. Er konnte nichts wissen von ihrer Diät. Und wie sollte sie ihm davon erzählen? Sollte sie in den Laden gehen, Herrn Rührung aus der Backstube holen lassen? Unter welchem Vorwand? Sie habe Ewald, sie habe Herrn Rührung Wichtiges zu sagen? Wichtiges? Sie sah die Blicke der Verkäuferin ...

Irma quälte sich tagelang mit der Vorstellung, Ewald Rührung könne ihr Fernbleiben falsch deuten. So viele Jahre war sie ihm und seinen Backwaren nun schon treu. Für andere Konditoreien hatte sie kein Auge gehabt. Es wäre ihr beinahe wie Verrat vorgekommen, die Erzeugnisse anderer Konditoren zu kosten. Und wozu auch? Wer wollte Ewalds Erdbeer-Nougat-Sahne übertreffen?

In diesen Tagen aß Irma viel. Sehr viel. Und sie bemerkte es nicht. Die quälenden Gedanken ließen sie unablässig in diese Tüte greifen, in jene Schachtel. Ohne sich dessen bewusst zu sein. Denn sie war in Gedanken nur in Ewalds Konditorei. Hatte der Konditor ihr das reservierte Tortenstück nicht jedes Mal persönlich überreicht? Immer garniert mit einem freundlichen Wort, einem Lächeln, einem Scherzchen. Irma wurde sich jetzt erst bewusst, was für eine bevorzugte Kundin sie gewesen war. Sie kannte niemanden, der von Herrn Rührung selbst bedient wurde. Jedes Mal! Sie kannte überhaupt niemanden, dem derart große Tortenstücke reserviert wurden. Zum regulären Preis! Sollte Herr Rührung, der keine Frau hatte ...? Sollte Ewald ...?

Irma beschloss am Mittwochabend, die Diät abzubrechen und sich morgen wieder ihr Tortenstück zu holen. Sie musste. Das konnte sie Ewald nicht antun.

Die Diktatur des Grünkernbreis

Es musste gegen Ende des ersten Jahrzehnts des neuen Jahrtausends gewesen sein. Ganz einig waren sich die Historiker nicht. Und ein genauer Zeitpunkt würde sich vielleicht nie bestimmen lassen. Einig waren sich die Wissenschaftler allein darin, dass die westliche Welt in diese Diktatur sozusagen hineingerutscht war. Ja, dass sie sich diese Diktatur selbst verordnet hatte.

Die Zwangsherrschaft hatte sich in Jahrzehnten nahezu unbemerkt aufgebaut. Ihre Parteigänger firmierten anfangs noch unter dem als harmlos belächelten Synonym „Gesundheitsapostel". Später übernahm die gesamte Ärzteschaft deren Merksätze. Und damit war die Schlacht eigentlich geschlagen. Kein Patient, der nicht erschüttert die Praxis verließ und sein Leben umstellte, nachdem ihm der Arzt seines Vertrauens ausgemalt hatte, was Gans und Schwein, Bier und Wein in Kombination mit mangelnder Bewegung in und an seinem Körper anrichteten. Wie schnell sie diesen Körper zugrunde richteten.

Die Schlagwörter der Körnerbreifanatiker und der ihr folgenden Ärzteschaft hatten sich Anfang des neuen Jahrtausends so in den Köpfen eingebrannt, dass es kaum einen Aufschrei gab, als erste Politiker forderten, Menschen, die nicht dem schlanken Normmaß entsprachen, zu kasernieren und korrekt zu ernähren. Im Gegenteil: Man war allgemein längst der Auffassung, es sei sinnvoll, dass Übergewichtige höhere Krankenkassenbeiträge zahlen sollten, ganz gleich, wie krank oder gesund diese waren. Der vereinzelt zu hörende Einwand, dass sich mindestens ebensoviele Menschen durch Ananas- oder Semmel-Diäten krank fasteten, fand kein Gehör.

Es war eine seltsame Diktatur. Die meisten Menschen nahmen sie jahrzehntelang nicht als solche wahr. Sie empfanden es als vollkommen normal, dass der fette Gänsebraten zur Kirchweih verboten war. Dass ein Schweinebraten im besten Fall noch aus 50

Gramm Kotelett, einem halben Knödel und einer Soße ohne Auge bestehen durfte. Dass das Wiener Schnitzel nur noch „natur" ohne Panade serviert werden durfte - mit Reis als Beilage. Manche erinnerten sich noch dunkel an fette Genüsse wie Leberknödelsuppe, Schweinshaxe, Schweineschäuferl, Chips und Flips. Die Jüngeren hatten von derlei nie gehört. Schüttelten ungläubig den Kopf, wenn die Rede war von krachenden Krusten, unter denen schmackhaftes Fett saß.

Sie kannten nur eine Welt, die morgens mit einem frisch geschroteten Getreidebrei begann, dem allenfalls ein paar frische Früchte zugefügt werden durften. Der Schulhausmeister bot in den Pausen Rohkost an. Mama servierte mittags die in monatlichen Rationen verteilte Schlankheitspille, eine Mixtur aus Vitaminen und Nährstoffen, die sich als allgemein verträglich erwiesen hatte. Von vier Uhr nachmittags an war der Genuss jeglicher Nahrungsmittel strengstens verboten. Jeder Haushalt hatte mit unangemeldeten Kontrollen der Ess-Inspektoren zu rechnen.

Mit Schaudern und einem genüsslichen Entzücken lasen die glücklichen Unterdrückten von Festnahmen, Prozessen und langen Haftstrafen. Für heimlich zubereiteten Gänsebraten. Für geheimen Alkoholgenuss. Für Butter im Kühlschrank, für Öl zum Braten.

Man beobachtete in dieser Zeit auch längst die Nachbarn. Ging er oder sie ein wenig aus den Fugen, war das ein sicheres Indiz für strafbewehrtes Essverhalten. „Wo hatten die nur den Schweinebauch her?", fragte man nach erfolgreicher Anzeige. Und dann seufzte man schwer und gesund: „Mmmmh, die gegrillten Rübchen und die Zucchinischeiben waren wieder so lecker!"

Befremdlich war für manche, als in den Kirchen die uralten Gebetstexte umgeschrieben wurden. Das „Vater unser im Himmel, bewahr' uns vor Fett, vor Fett bewahr' uns!" ging manchem dann doch schwer über die Lippen. Und als dann auch noch die Zehn Gebote umgedichtet wurden und zehnmal der allmorgendlich verordnete Getreidebrei in all seinen fettfreien Varianten gepriesen wurde, da wandten sich die ersten den schlemmenden Untergrundbewegungen zu.

Über diese Untergrundbewegungen wurde immer häufiger gemunkelt. Es sollte in diesen Menschen geben, die Butterkartoffeln aßen. Butter und Öl gelangten nach wie vor über dunkle Kanäle ins Land. Oder Menschen, die Fleisch panierten und in Soßen badeten – und die dennoch schon mehr als 70 Jahre alt waren. Keinen Zucker hatten und keinen Bluthochdruck. Kein Alzheimer und keinen Krebs. Und immer öfter brachen brave Bürger aus. Verschwanden im Untergrund. Genossen ihr erstes echtes Wiener Schnitzel – und schwärmten Monate davon...

Der Waschtisch

Vom Mund und von den Freunden hatte sich Martina B. den neuen Waschtisch abgespart. Die Handtasche in der Herbstfarbe war um seinetwillen im Budgetplan einige Stellen nach hinten gerückt, desgleichen die teure Kosmetikserie, die sie sich seit ihrem 46. Geburtstag als kleinen Luxus gönnte. Auch die exquisite Landleberwurst vom Metzger und die wöchentlichen Restaurantbesuche mit den Freundinnen waren vorübergehend ausgesetzt.

Nun hing er im Bad. Und Martina B. war sich sicher, keinen Fehler gemacht zu haben, auch wenn die Opfer nicht unerheblich waren. Sie ertappte sich dabei, dass sie bei jedem Gang am Bad vorbei kurz zu ihm hineinschaute. Hin und wieder saß sie für wenige Minuten auf dem Badewannenrand und betrachtete ihn versonnen. Und wenn sie aus dem Bad ging, strich sie mit einem beglückten Lächeln über die Keramik.

Er war seit einer Woche im Haus, als sie nachts von einem Geräusch geweckt wurde. Jemand rief nach ihr. „Martina ...!" Es klang lockend, vertraut - und es kam aus dem Bad. Sie verspürte keine Angst, instinktiv wusste sie, dass keine Gefahr drohte. Und doch zögerte sie. Dann hörte sie den Ruf wieder. Diesmal fordernder. Als sie vor ihm stand, die schlaftrunkenen Hände auf dem makellosen Weiß, versprach er ihr Schönheit und ewiges Leben, wenn sie die Seine würde. Und Martina B. sagte ja.

Sie wusch sich auf sein Geheiß täglich dreimal zu genau vorgegebenen Zeiten Gesicht und Dekolleté. Die Keramik schien zu stöhnen, wenn das Wasser von ihrem Leib ins Becken troff. Nach wenigen Tagen schon war die Veränderung augenfällig. Ihr Gesicht schien zu erstrahlen, das Dekolleté straffte sich, die schweren Brüste hoben sich und standen bald anmutig.

Martina B. ist nie wieder in ihr altes Leben zurückgekehrt. Sie reduzierte ihre Arbeitszeit, so weit es wirtschaftlich gerade noch möglich war. Sie traf ihre Freunde nicht mehr, sie hatte keine Augen für die Männer, die ihr in immer größerer Zahl begehrliche Komplimente machten. Sie war vergeben. Und sie mochte ihn nicht länger als ein paar Stunden allein zu Hause wissen.

Mutti Kramer

Mutti Kramer war die beste aller Muttis gewesen. Bis zuletzt. Und sie war es gern gewesen. Das Bild mit dem „Mutti ist die Beste" in krakeliger Erstklässlerhandschrift hatte einen Ehrenplatz in ihrer Küche gehabt. Und es war immer ein aufrichtiges, ein von Herzen kommendes Lächeln gewesen, wenn ihr Blick beim Schnitzelbraten darauf gefallen war. Sie konnte sich nicht erinnern, in solchen Momenten jemals Hintergedanken gehabt zu haben.

Die hatte sie bei anderen Gelegenheiten gehabt. Aber auch da hatten diese sie nur flüchtig gestreift, meinte sie, als sie jetzt grübelnd in ihrer Küche saß. „Ihre" Küche! Sie hatte es schon verinnerlicht. Das war ihr nie aufgefallen. Doch, ja, sie hatte diesen Raum immer als ihr Reich betrachtet. Aber es war ein Arbeitsraum gewesen. Nichts weiter. Vollgestopft mit Geburtstags-, Weihnachts- und Muttertagsgeschenken.

Natürlich hatten sie sich nichts dabei gedacht, als sie ihr letztes Weihnachten die neue Waschmaschine gekauft hatten. Als sie ihr zum letzten Geburtstag die Kombiküchenmaschine überreicht hatten. Und sie selbst hatte jedes Mal so getan, als habe sie sich nichts anderes gewünscht. Sie hatte noch nie etwas anderes bekommen als diese praktischen Haushaltshelfer.

Anfangs war sie selbst erstaunt. Über das, was sie seit einiger Zeit bei solchen Gelegenheiten dachte. Über den Zorn, der sie für Sekunden überfiel. Sie hatte Heinz gegenüber vor Kurzem angedeutet, dass sie gern einmal ein Geschenk nur für sich hätte. Vielleicht einen guten Duft. Den Duft hatte sie sich nur noch gedacht, ausgesprochen hatte sie ihn nicht.

Als Heinz nun am Muttertag den Nass-Staubsauger mit Bakterienfilter auspackte, während die Kinder schon wieder in ihren Zimmern verschwunden waren - sie wollten nicht einmal sehen, wie

Muttis Geschenk sauber machte -, da kochte irgendetwas in Mutti Kramer über. Und während Heinz gerade das Rohr am Sauger montierte, ging sie schweigend in die Küche, nahm die schwere gusseiserne Pfanne vom letzten Muttertag und schlug Heinz tot. Der Richter soll vor dem Urteilsspruch den Kopf geschüttelt haben, aber Mutti Kramer hat seither nicht mehr gesprochen.

Der Tod - Meister auf vier Rädern

Es riecht nach Tod. Da kauert ein abgetrennter Hals. Kein Kopf daran. Der schwimmt einen halben Meter weiter in einer albernen Lache. Und dann der große Fleck. Ein Hügel aus Haar und Haut, die Glieder grotesk verdreht. Die Menschen im Waldauer Schlossweiher leben gefährlich. Sie betrauern den sechsten Toten in den wenigen Tagen seit Frühlingsbeginn.

Zu Tode gefahren, während er arglos Regenwürmer pflückte. Immer wieder wagen sich die Wassermenschen auf die Schnellstraße heraus. Sie wissen nicht, dass es dort, wenn es so angenehm nieselt, nicht nur feiste Würmer gibt. Sie wissen nichts vom Tod auf vier Rädern. Und wenn sie ihn sehen, ist es zu spät.

Wenn die Enten nach Feierabend nach Hause hetzen, vergessen sie, dass sie für nichts und niemanden bremsen können, so schnell wie sie fahren. Sie sitzen in Gedanken noch am Schreibtisch oder sind schon zu Hause am Abendbrottisch. Und dann wackelt plötzlich einer der Wassermenschen über die Straße, er hat am anderen Straßenrand diesen unglaublich dicken Wurm glitzern sehen. Zu spät.

Die Ente tritt ins Eisen, der schwere Wagen schlittert. Der Wassermensch wirbelt durch die Luft, fällt schwer auf die Straße zurück. Der Ente am Steuer entfährt ein lasterhafter Fluch. Hoffentlich ist nichts beschädigt am Wagen, denkt sie und gibt erneut Gas. Der Wassermensch bleibt zerfetzt liegen. Zu Hause wird die Ente den Wagen noch genau kontrollieren, ehe sie sich zu Tisch setzt.

Der 356. Gott namens „Spontan"

Er hatte im Götterhimmel des 21. Jahrhunderts die Nummer 356, schaffte es im internen Ranking aber regelmäßig auf einen der ganz vorderen Plätze. Sie nannten es im Übrigen tatsächlich „Ranking", weil sie dem Kollegen 211 einen Gefallen tun wollten; der Kollege war zuständig für Neudeutsch, Neusprech und all die Dinge, deretwegen Engel Wolf Schneider freiwillig in die Hölle gegangen war.

Gott Nr. 356 war zuständig für alles Nichtgeplante, alles Überfallartige, alles Spontane, wie sie es unten nannten. Und er war für die unten nun schon seit einer ganzen Weile der Größte. 356 hatte sogar 109 abgelöst, der sich Monat für Monat abstrusere Diäten ausdachte (zuletzt die unten mit großem Interesse aufgenommene Anweisung, Kohlenhydrate nur noch vor dem ersten Stuhlgang zu verzehren und Eiweiß nur während des Stuhlgangs, seither saßen tatsächlich Menschen mit hartgekochten Eiern in der Hand auf stinkenden Kloschüsseln).

Niemand hatte sich vorstellen können, dass es gelingen konnte, 109 vom Thron zu stoßen. Der Diät-Gott (er mochte diesen Titel nicht, er nannte sich lieber „Verstehen Sie Spaß?", angeblich hatte er unten sogar eine eigene Samstagabend-Show) saß seit Jahrzehnten wie zementiert auf dem ersten Platz. Aber seit einiger Zeit war ihm Nr. 356 auf den Fersen. Unten wurde immer öfter, immer lauter seine Hymne gesungen.

Sie sahen mit Erstaunen, wie Menschen spontan über einander herfielen, spontan in Behausungen einfielen. „Spontan" war im siebten Jahr in Folge zum Wort des Jahres gewählt worden. Wer sich verabredete, galt als uröd; die selten gewordenen Verabredungen wurden spontan abgesagt, weil Verabredetes grundsätzlich langweilig war. Die Paare, die sich mit ihren Kuscheltagen jeweils mittwochs wunderbar eingerichtet hatten, wagten lange schon nicht mehr, von ihrer bis dahin gelungenen Zweisamkeit zu erzählen. Das

Sagen hatten die, die ganz spontan zu jeder Tages- und Nachtzeit auf wackeligen Bürostühlen, scharfkantigen Herden oder in Bücherregale gefaltet zusammenkamen.

Jedes Mal wenn er wieder einen Platz ganz vorn belegte, hatte 356 ein paar lustige Anekdoten auf Lager. Geschichten von Menschen, die sich dem Spontaneitäts-Diktat bedingungslos unterwarfen. Die aus der Badewanne herausstolperten und sich halbnackt überschlugen vor Freude über den spontanen Besuch. Die schlampig, aber bequem gekleidet von ihren Sofas rumpelten, um freudestrahlend spontane Gäste zu begrüßen. Heuer könnte 356 den Kollegen 109 vom Thron stoßen. Die Wetten laufen noch…

Vati ist gleich so weit

Baldur S. schien sehr zufrieden mit seinem Leben. Gegenüber Kollegen im Betrieb ließ er gern den Satz fallen: „Bei uns zu Hause stimmt´s eben." Und dazu zwinkerte er doppeldeutig. Jeder wusste, was gemeint war. Und es gab nicht wenige, die ihn beneideten. Und viele, bei denen es nicht so „stimmte". Gern hätten die Kollegen einmal Baldurs Frau kennengelernt.

Jetzt hatte Baldur einen Bandscheibenvorfall. Und die Kollegen feixten: „Da` hat´s wohl ein bisschen zu sehr gestimmt." Neid schwang in diesem Grinsen mit. Bei all denen, die gern einen Bandscheibenvorfall riskieren wollten, wenn es nur einmal wieder „stimmte" zu Hause.

Als Baldur nach drei Wochen wiederkam, grinsten die Kollegen ihm entgegen: „Was hat denn deine Frau gesagt? Du bist ja drei Wochen ausgefallen, was?" Baldur zuckte ein bisschen zu großspurig die Schultern und meinte: „Muss ja auch mal eine Pause haben." Das war den Kollegen dann doch eine Spur zu viel des Guten. Und sie beschlossen, sich einmal anzusehen, wie es aussieht, wenn es „stimmt zu Hause".

Eines Abends nach Dienstschluss folgten ihm fünf Kollegen. Sie stellten die Autos in der Nähe seines Hauses ab. Baldur war gerade dabei, das Garagentor zu schließen, als die Kollegen hinter einer Hecke Aufstellung nahmen. Er hatte noch die Fußmatte ausgeschüttelt und mit einem Handstaubsauger den Fahrersitz gereinigt, ehe er den Wagen abschloss und die Garage verließ.

Baldur schritt bedächtig den gepflegten Weg zur Eingangstür hinauf. Er schloss auf und sang beinahe: „Mutti? Ich bin wieder daa." Mutti! Einer der Kollegen hinter der Hecke prustete schon leise. Mutti! Dann hörten sie Baldur wieder: „Jetzt kommt der Vati gleich zur Mutti ..." Die Lauscher pressten sich jetzt alle die Hand vor den

Mund. Die Tür fiel ins Schloss. Was sollten sie tun? Sie schlichen zur Terrasse. Sorgsam die überall wachenden Gartenzwerge umgehend.

Baldur stand im Wohnzimmer. Alles blütensauber. An der Wand ein röhrender Hirsch in Öl. Gelsenkirchener Barock. Schwere Polster. Wo war seine Frau? Er flötete jetzt: „Mutti, bist du heute ganz lieb zum Vati? Du weiß ja, was der Vati gern mag, gell?" Das Prusten vor der Terrassentür wurde lauter. Baldur hörte nichts. Er schien in einer anderen Welt zu sein. „Und wenn die Mutti so recht lieb ist, bekommt sie´s auch wieder so, wie sie´s gerne hat."

Den Kollegen wurde es langsam peinlich. Baldur schien regelrecht durchs Zimmer zu tänzeln. Wo war nur die „Mutti"? Baldur wurde immer lauter: „So, der Vati ist jetzt dann so weit ..." Nun musste die „Mutti" aber wirklich gleich auftauchen. Da ging Baldur zu einem großen getäfelten Eichenschrank, klappte ein Bett herunter, auf dem zum Entsetzen der Voyeure draußen eine Frau festgeschnallt war. Die leblose Frau bewegte sich nicht, als Baldur sich auf sie stürzte. Ein erschütterter Kollege tippte mit zitternden Fingern draußen auf der Terrasse den Polizei-Notruf in sein Handy.

Eine Oster-Liebesgeschichte

Seit Tagen wurden sie aneinander vorbeigetragen. Von sehr freundlichen jungen Menschen. Er, Möbius, der feschste Kröterich im Revier. Zumindest war er selbst, Möbius, unerschütterlich davon überzeugt, der fescheste von allen zu sein. Und sie, Mandarine, seine angebetete Mandarine. Die wunderbare Mandarine, deren Augen strahlten wie der erste süße Tau des Jahres. Deren Haut schimmerte wie die frisch aufgeworfene Erde des Maulwurfs. O Mandarine! Den ganzen langen Winter hatte er von ihr geträumt.

Er wusste nicht, wie es gekommen war, dass sie sich zu Beginn der ersten wärmeren Tage auf der jeweils gegenüberliegenden Seite des schwarzen Bandes befanden, das überquert werden musste, um zum gemeinsamen Teich der Kindertage zu gelangen. Er war bereits auf der Teichseite gewesen nach der langen Winterruhe, Mandarine aber saß auf der anderen Seite hinter einem kleinen grünen Zaun fest, den keine Kröte überwinden konnte. Also entschloß er sich, sie abzuholen. Und fand sich seinerseits hinter einem grünen Zaun.

Da saß er mit ein paar anderen Kröten, die er nicht namentlich kannte. Hatten auch sie vielleicht eine Liebste auf der anderen Seite des Zauns? Es interessierte ihn nicht sehr, denn er dachte unentwegt an Mandarine. Seine große Mandarine! Und daran, wie wunderbar es sein würde, wenn sie erst gemeinsam in den Teich hüpften. Er schloß die Augen und träumte vor sich hin, anstatt nach einem Weg zu suchen, den Zaun zu überwinden. Da wurde er plötzlich sanft angehoben und fand sich gleich darauf über dem schwarzen Band schwebend. Irgendetwas trug ihn. Trug ihn zu Mandarine! Doch da sah er zu seinem Entsetzen, wie Mandarine wenige Meter entfernt an ihm vorbeigetragen wurde. Mandarine, geliebte Mandarine, sie musste sich fürchterlich ängstigen. Und er konnte nicht bei ihr sein, konnte ihr kein starker Kröterich an der Seite sein. Frauen waren so empfindsam, hatte Möbius sagen hören, hoffentlich wurde Mandarine nicht hysterisch.

Seit Tagen wurden sie nun jeden Morgen aneinander vorbeigetragen. Einmal so nah, dass er die Verzweiflung in Mandarines Augen sehen konnte. Was sollte er nur tun? Was konnte er tun? Eines Abends tat er, was keine Kröte am grünen Zaun je getan hatte. Er hüpfte an dem ganzen langen Zaun entlang, bis er eine Lücke fand. Dann saß er auf dem schwarzen Band. Da musste er hinüber. Er würde Mandarine holen. Er würde auch für sie eine Lücke drüben finden. Und dann würden sie noch in dieser Nacht in den Teich springen, den Teich ihrer Kindheit. Sein nach dem langen Winter schmal gewordener Leib bebte bei dem Gedanken. Da sah er sie. Sie saß ihm schräg gegenüber. Noch in der Dunkelheit strahlten ihre Augen. Auch sie hatte an diesem Abend nach einer Lücke im Zaun gesucht.

Möbius, flüsterte sie. Und er machte zwei große Sätze auf sie zu. Sie sprang nicht, sondern kroch schicklich langsam heran. Er liebte sie dafür. Dann saßen sie sich gegenüber. Er konnte nichts sagen, so überwältigt war er von seiner übergroßen Liebe zu dieser schönsten aller Kröten. Er legte ihr sein vor Liebe platzendes Herz zu Füßen, als er sacht an sie heranrückte, sich an sie drückte. Sie sahen den Lichtschein nicht, sie spürten nichts, als der breite Reifen das glücklichste Krötenpaar überrollte, das es je gegeben hat.

Tiefgarage

Ich bin seit jenem Vorfall in keiner Tiefgarage mehr gewesen. Ich habe keinen Geldautomaten mehr angerührt, habe überhaupt nirgendwo mehr dünne Kärtchen in einen Schlitz geschoben. Die Frau geht mir nicht mehr aus dem Kopf. Wie sie mit diesem irren Blick schreiend auf der Allee entlang rannte. Und alles nur, weil sie mit dem Parkscheinautomaten nicht zurecht gekommen war. So hat es zumindest hinterher geheißen.

Die Geschichte muss in etwa so gewesen sein: Die Frau kommt vom Einkaufen zum Auto zurück. Sie macht am Parkscheinautomaten halt, schiebt ihr Kärtchen in den Schlitz, aber der Automat will es nicht haben, spuckt es immer wieder aus. Die Frau denkt: Auch gut, das kostet wohl heute nichts. Sie steigt zur Tiefgarage hinunter, in den Wagen hinein und fährt zur Schranke. Dort steckt sie ihr unbezahltes Kärtchen in den Schlitz. Es verschwindet, es kommt zurück, aber die Schranke öffnet sich nicht. Die Frau spürt einen Anflug von Panik.

Sie eilt zurück zum Automaten unten in der Tiefgarage. Schiebt wieder ihr Kärtchen hinein. Liest erleichtert den Betrag, öffnet den Geldbeutel – und hat kein Kleingeld. Diesmal kommt die Panik wie eine Flutwelle. Sie läuft zum Auto zurück, inzwischen hat sich dahinter eine kleine Schlange gebildet. Erzählt ihrem Hintermann, sie habe Probleme mit dem Parkschein. Sie stürzt wieder zum Automaten, erinnert sich plötzlich, dass dieser auch Scheine nimmt. Mit zitternden Fingern schiebt sie fahrig einen Schein in den dafür vorgesehenen Schlitz. Der Automat will ihre Scheine nicht. Die Frau schwitzt, bebt am ganzen Leib. In der schon viel längeren Schlange wird nun geschimpft und gehupt.

Die Frau steht vor der Schranke, bereit, alles zu tun, was diese verlangt, wenn sie sich nur öffnet. Da fällt ihr Blick auf einen kleinen Knopf. „Hilfe" steht da. Ihre Stimme überschlägt sich, als sie der sonoren Stimme am anderen Ende zuruft: „Öffnen Sie. Schnell!

Meine Karte... Ich bring´ mich sonst um!" Der Autofahrer, der gleich hinter dem Wagen der Frau wartete, beschwört, er habe es ganz genau gehört, wie die Stimme aus dem Hilfe-Knopf sagte: „Entnehmen Sie bitte dem Schlitz das Seil und knüpfen Sie es an die Schranke. Ich ziehe Sie hoch."

Frauentag

Frauentag! Hingefiebert hatten sie auf diesen Tag. Einmal im Jahr das Döfchen spielen. Das Blondchen. Den Schmollmund geben. Was war das jedes Jahr für ein Spaß, der heuer jedoch teuer erkauft werden musste. Irgendeiner bescheuerten Challenge zuliebe - natürlich für einen guten Zweck – mussten sie sich barfuß ins eiskalte Wasser stellen. Aber es war Frauentag - und der machte alles wett.

Die Konrektorin hatte drei Urlaubstage geopfert und diese in einem sündhaft teuren Nagelstudio verbracht. Dort hatte ihr die weißrussische Dozentin für moderne amerikanische Kunst des 20. Jahrhunderts, die seit geraumer Zeit dort angestellt war, stundenlang Warhol's Marilyn in zehn verschiedenen Farbvarianten auf die Nägel gepinselt. Die Konrektorin wusste um die Kunstwerke, die sie unter den sportlichen Socken trug - und hatte sich eine Stange ausgebeten, um die sie sich aufreizend wand, während sie die Sportsocken langsam von Zeh zu Zeh zog. Das männliche Gejohle war programmiert.

Die Jurastudentin machte sich als Jüngste in der Damenriege einen Spaß daraus, außer Schuhen und Socken immer weitere Kleidungsstücke abzulegen. Als sie aus der Hose stieg, lächelte ihr Vater schulterzuckend in die Runde, machte etwas hilflos eine eher verschämte männliche Geste ins männliche Publikum, um dann mit entsetztem Blick zuzusehen, wie seine Tochter auch Jacke, Hemd und T-Shirt ablegte. Die anerkennenden Pfiffe für das Wildtier-Dessous, in dem sie sich dann im kalten Wasser wand, ignorierte er, indem er so tat, als beiße er in die erste Bratwurstsemmel seines Lebens.

Die Kirchenchorleiterin hatte sich währenddessen in eine Marilyn-Parodie verwandelt, die ihr außerordentlich gut zu Gesicht stand. Die blonde Perücke, der feuerrote Lippenstift, das hautenge weiße Kleidchen über dem bibberndem Leib - einige Herren hatten

Mühe, ihre Begeisterung nicht zu augenfällig werden zu lassen. Als sie dann mit geschürzten Lippen in dem exakt getroffenen F-sharp major Marilyn´s „I wanna be loved by you..." anstimmte, ergab sich mancher seufzend.

Die Journalistin hielt sich im Wasser zurück und benahm sich auch sonst ungewohnt unauffällig, holte sich dann aber den diesjährigen Frauentags-Award, als sie ins Auto stieg, den Gang einlegte und mit unnachahmlichem Schmollmund aufs Gas trat und - ups! - dem dahinter stehenden Auto des Zweiten Bürgermeisters die Stoßstange brach. Sie gab sich so hilflos und hielt sich so dümmlich die Hand vor den Mund, dass sie sich in ihren gefütterten Flip-Flops für den Ehrenpreis des Frauentags qualifizierte.

Bernadette im Feld

Sie stand hinter dem seit Jahren nicht benutzten Schubkarren. Wie war sie dahin gekommen? Und wer hatte sie dahin gestellt? Eine kleine Marienstatue. Sie hatte nie eine Marienstatue gekauft oder geschenkt bekommen. Wer stellte einem eine solche Statue in den Schuppen? Sie besah sie genauer. Nein, das war keine Maria. Sie erinnerte sich an einen uralten Film, den sie als Kind im Kino gesehen hatte. Das war Bernadette. Die aus Lourdes.

Morgen war Sperrmüll. Alles sollte weg. Sie hatte den Schuppen fast leer. Eigentlich war da nur noch diese komische Bernadette, die ihr irgendein Witzbold hierhin gestellt hatte. Die Figur musste schon eine Weile da stehen, denn sie war voller Spinnweben. Mit einem Rechen zog sie sie nach vorn. Sie war sehr leicht, sicher nur billigstes Holz, wenigstens nicht Plastik. Und sie war recht hübsch gefasst. Die Farben nicht kitschig. Wenn sie nun wertvoll war? Aus einer Kirche geraubt und hier deponiert? Nein, auf den Sperrmüll konnte sie die Figur nicht stellen. Wie sah das aus? In einem erzkatholischen Dorf! Man würde mit dem Finger auf sie zeigen. Auf sie, die eine hölzerne Bernadette dem Sperrmüll überantwortet hatte.

Aber die kleine Bernadette musste weg. Sie würde sie nicht in ihre Wohnung stellen und ein Verkauf auf Ebay verbot sich, am Ende handelte es sich tatsächlich um Diebesgut. Das „erzkatholische Dorf" ging ihr den ganzen Abend nicht mehr aus dem Kopf. Und so schlich sie kurz vor vier Uhr morgens aus dem Haus, Bernadette unter dem Arm. Der Himmel war dunkel. Die Fenster der Nachbarn geschlossen. Sie steuerte dem nächstbesten Feld entgegen, das nur wenige hundert Meter entfernt lag. Und dort stellte sie ihre Bernadette ab. Das Gesicht der aufgehenden Sonne zugewandt.

Es dauerte nur wenige Tage, da fand sie ihre Bernadette schon in der Zeitung. Ein Bauer habe auf seinem Feld die Heiligenfigur entdeckt, hieß es. Und sofort habe diese sein seit Jahresbeginn offenes Bein geheilt. Sie stutzte. Offenes Bein geheilt? Die Figur aus ihrem Schuppen? Der hatte doch einen Schuss, der Bauer. Am nächsten Tag wurde sie von zwei Nachbarn angesprochen. Ob sie schon gehört habe von der Maria im Felde? Die das offene Bein geheilt habe. Fast hätte sie sich verplappert: Das ist keine Maria, das ist eine Bernadette. Als sie ausnahmsweise einen Spaziergang um das Dorf machte, nur um an dem Feld mit ihrer Bernadette vorbeizugehen, traute sie ihren Augen nicht, als sie um die Figur herum Blumenkränze liegen sah und drei ältere Frauen, die davor knieten und Rosenkränze in den Händen hielten.

In den folgenden Tagen hörte sie von geheilter Neurodermitis und einem überwundenen Kindheitstrauma nach einem Besuch bei der Statue. „Maria hat geholfen", sagte ihre Nachbarin. Wenn schon, dann Bernadette, wollte sie erwidern, verkniff sich den Kommentar aber. Sie ging jetzt jeden Tag wenigstens einmal an dem Acker vorbei. Inzwischen stand dort ein improvisierter Altar, über die Figur hatte man ein Dächlein gebaut, die Figur selbst hatte offenbar noch niemand anzufassen gewagt. Die stand noch genauso schief, wie sie sie abgestellt hatte.

Acht Wochen später fanden die ersten Bittgänge zur „Maria im Felde" statt, die Lokalzeitung berichtete täglich von Spontanheilungen. Der Ortspfarrer hatte sich anfangs zurückgehalten, überschlug sich inzwischen aber im Gemeindeblättchen mit Berichten über Unerhörtes im Zusammenhang mit der hölzernen Maria. Ein bissiger Hund sei lammfromm geworden (mit Betonung auf fromm), als man ihn der Maria vorgeführt habe; die alte Weberin, die schon so lange Zucker habe, könne wieder Krapfen und Torte essen, seit sie vor der Maria drei Stunden gebetet habe, und die junge Marquardtin sei nun wohl endlich schwanger, nachdem sie eine Nacht auf dem Feld bei der Maria gelegen habe.

Nur ein Jahr später weinte die Holzfigur angeblich bei Vollmond, der Vatikan hatte die „Maria im Felde" offiziell als Wallfahrtsort anerkannt, aus dem Dorf war ein kleines Lourdes geworden. An manchen Tagen dachte sie: Hätte ich das blöde Ding doch bloß zum Sperrmüll rausgestellt. Aber als ihre Katze von einer Hornisse gestochen wurde und den ganzen Abend jammerte, überlegte sie kurz, mit ihr zur „Maria" hinauf zu gehen.

Miranda

Sie war die Schönste gewesen. Sie hatte Augen gehabt, an die jeder sich erinnerte, der einmal in sie geblickt hatte. Ihre Haut war so fein gewesen, die Warzen darauf wie ebenmäßige Maulwurfhügel, einer schöner als der andere. Und ihre Haut hatte ein wenig geschillert, da waren sich zumindest alle einig, die um sie trauerten. Geschillert in einem ganz und gar lieblichen, nur schwer beschreibbaren Ton aus Teichschlammbraun und Kieselsteingrau.

Aber das war es nicht allein gewesen. Miranda war eine Schönheit gewesen, die nichts von ihrer Anmut zu wissen schien. Und daher war sie auch niemals den Verlockungen der Schönheit erlegen. Nie hatte sie sich hinreißen lassen, andere an ihrem Äußeren zu messen. Nie war sie auf die Idee gekommen, sie könne etwas Besonderes sein. Nein, Miranda war immer geblieben, was sie schon als junge Kröte gewesen war: ein liebenswertes Geschöpf - uneitel, wunderschön.

Und nun hatte die schwarze Wolke Miranda getötet. Da lag das einst so schöne Geschöpf. Mitten auf der Straße. Von etwas ganz Schwerem erdrückt. Ihre Schönheit war verstummt. Nur noch vorhanden in der Erinnerung derer, die um sie trauerten. Miranda, die vielen beinahe unsterblich erschienen war, weil ein so schönes, so liebenswertes Wesen einfach nicht stirbt, auch sie war nun ein Opfer der schwarzen Wolke geworden. Und von dem Moment an wusste jede Kröte vom Gehenhammer-Teich, dass es keinen Schutz gab vor der schwarzen Wolke.

In den Familien gab es abends wochenlang nur ein Thema: die schwarze Wolke. Aber wie sollte man sich schützen? Keiner wusste, woher sie kam. Wann sie kam. Warum sie kam. Und warum sie immer tötete. Es gab keine Überlebenden, die hätten berichten können. Es gab nur Zeugen, die die Wolke als blitzschnell heranrollend beschrieben. Ein Entkommen war nicht möglich. Aber der Tod kam schnell. Wenigstens das.

Frank M. hatte gemerkt, dass er über irgendetwas gerollt war. „Eine Maus!", schoss es ihm durch den Kopf. Dann fiel ihm ein, dass er vorgestern in der Zeitung gelesen hatte, dass Naturschützer derzeit wieder Krötenzäune aufstellten, da die Tiere vor kurzem ihre gefährlichen Wanderungen zu ihren Laichplätzen begonnen hatten. Eine Kröte also. Vermutlich. Frank M. schluckte. Er hatte das Tier nicht gesehen. Er konnte also nichts dafür. Aber er war auch nicht gerade langsam um die Kurve gefahren. Gedankenlos. Wie so oft. Er gehörte nicht zu denen, die derlei achselzuckend abtaten. Es beschäftigte ihn noch eine ganze Weile. Und als er am Abend so dasaß, musste er wieder an die Kröte denken.

Er stellte sich vor, wie sie hoffnungsfroh auf dem Weg zu ihrem Laichplatz gewesen war. Wie sie sich nichts dabei gedacht hatte, als sie auf der Straße kurz innegehalten und verschnauft hatte. Und wie sie vielleicht erschrocken war, als der Reifen auf sie zugerollt kam. Sie überrollt hatte. Hoffentlich war sie gleich tot gewesen, dachte er. Sie sollte auf keinen Fall auch noch gelitten haben.

Warum war er so schnell gefahren? Er hatte doch gelesen, dass die Krötenwanderungen begonnen hatten. Und er war doch eigentlich keiner, den so etwas nicht interessierte. Er hatte sogar noch gedacht: Oh, da solltest du in den nächsten Wochen aufpassen! Warum hatte ausgerechnet er eine Kröte überfahren? Andererseits: Es war nur eine Kröte gewesen. Kein Hund. Kein Kind. Gottseidank. Und auch nur eine einzige. Er würde in den nächsten Tagen vorsichtiger fahren. Das würde ihm nicht noch einmal passieren.

Als Miranda beerdigt wurde, behauptete ein ganz junger Kröterich, die schöne Miranda sei nicht Opfer einer „schwarzen Wolke" geworden, sie sei von einem Blechkasten überrollt waren. Einem dieser Blechkästen, die man vom Straßenrand aus beobachten konnte. In ihnen saßen Wesen, die darin sehr schnell von hier nach dort rollten. Und ein solches Wesen in seinem Blechkasten habe Miranda überrollt. Er wisse sogar, wo das Wesen wohne. Die Geschichte machte die Runde am Gehenhammer-Teich. Und immer mehr Kröten fragten sich, ob es sein konnte, dass die Blechkästen mit der schwarzen Wolke identisch waren. Dass es vielleicht gar keine schwarze Wolke gab, dass es vielleicht immer einer der Blechkästen war, der den Tod brachte. Und zwei Wochen später beschloss eine kleine Gruppe von Kröten, zusammen mit dem jungen Kröterich das Wesen aufzusuchen, das angeblich Miranda getötet hatte.

Als Frank M. an diesem Morgen aufstand, hatte er ein seltsames Gefühl. Er hatte wieder von dieser Kröte geträumt. Und erinnerte sich am Morgen daran. Warum nur hatte er schon wieder von der Kröte geträumt? Er vergaß den Traum jedoch schnell. Als er sich angezogen und gefrühstückt hatte, war er in Gedanken schon im Büro. Er öffnete die Haustür - und erstarrte. Auf der Schwelle saßen fünf Kröten, nebeneinander aufgereiht, vier große und eine etwas kleinere. Frank M. stand mit leicht geöffnetem Mund in der Haustür. Er hatte Mühe, nicht zu schreien.

Da sagte die kleine Kröte ganz ruhig: „Das ist es. Das Wesen." Und dann sprach die älteste der fünf Kröten von Miranda. Wie sie gewesen war. Wie schön sie gewesen war. Wie liebenswert. Und fragte, warum er sie getötet habe. Die Kröte hatte kaum zu sprechen begonnen, als Frank M. die Tränen in die Augen stiegen. Er sah Miranda vor sich. Ihre schillernde Haut, teichschlammbraun und kieselsteingrau. Warzen darauf wie ebenmäßige Maulwurfhügel. Und er weinte um sie. Weinte um diese eine Kröte. Weinte mit den Kröten, die vor ihm saßen. Und versöhnte sich mit ihnen.

„Schaut doch mal vorbei"

Ich traf neulich Erwin und Mathilde auf der Straße. „Wie lang haben wir uns nicht gesehen?" Lang. Wir reden übers Wetter. Es wird anstrengend, dann peinlich. Und dann lässt man sich, um endlich wegzukommen, zu einem „Schaut doch mal vorbei!" hinreißen. Meist ist das kein Risiko, denn jedermann weiß, dass derlei nicht ernst gemeint ist. Und keiner schaut in der Regel „mal vorbei". In der Regel!

Erwin und Mathilde waren am Wochenende da. Kaum hatten wir uns so unverbindlich auf der Straße getroffen, rief Mathilde an. Ob ich Samstagabend zu Hause sei? Ich muss gestottert und gekeucht haben, denn sie fragte mich, ob mir wohl sei. Es kam so überraschend, dass keine Zeit mehr auch nur für die dümmste Ausrede blieb.

Samstagabend. Mathilde hat ein scheußliches Kleid an, Erwin joggt seit kurzem. Mathilde hat eben eine Saftdiät begonnen und verschmäht sämtliche Häppchen, die ich auf die Schnelle gebastelt habe, gibt mir allerdings zu verstehen, dass sie es unmöglich findet, dass ich angeblich keine einzige Saftflasche zu Hause habe („Pfirsich-Maracuja darf bei uns nicht ausgehen, gell Erwin?"). Erwin hat inzwischen das vierte Bier, wenn er noch eins will, bin ich pleite. Ich hab´ nur fünf gekauft und dachte eigentlich, davon müsste ich nach diesem Abend zwei entsorgen.

Wir haben das Wetter inzwischen beinahe wissenschaftlich erörtert. Mathilde versteht nach zweieinhalb Stunden immer noch nicht, warum ich nicht auch eine Saft-Diät machen will. Erwin grummelt immer wieder zusammenhanglos etwas von „Haut drauf auf den Bin Laden!" Ich schwöre mir zum 1024. Mal, ich werde die beiden nie wieder bemerken auf der Straße – da speit der Hund. Mitten ins Wohnzimmer. Vor aller Augen. Mathilde rafft die Röcke, Erwin würgt. „Jaaa, wir müssen ja dann auch wieder weiter, gell? - Mensch Erwin, ist schon fast zwölf!"

Sie sind fort. Und mit einem beseelten Lächeln auf den Lippen wische ich den Wohnzimmerboden, umarme den unglücklich dreinschauenden Hund. Eine Belohnung bekommt er nicht, ihm hätte schließlich schon vor zwei Stunden schlecht werden können.

French Nails

Sie klackerten so schön auf der Tischplatte. Das versöhnte sie mit dem etwas zu breiten weißen French-Schwung. Sie besah sie sich nun seit Stunden. Tussi-Nägel, dachte sie immer wieder. Albern. Ging das wieder ab? Ohne fremde Hilfe? Sie wollte es nicht ausprobieren. Immerhin hatte sie fast 40 Euro bezahlt. Für Nägel, die nicht die ihren waren. Die aus den ihren aber zum ersten Mal richtige „Nägel" machten. G. würde hoffentlich nur schmunzeln, C. würde hingerissen sein.

Als sie sich am nächsten Morgen das Gesicht gewaschen hatte und sich ungeschminkt dem Spiegel zuwandte, erschrak sie. Über die rechte Wange verlief ein tiefer, rotgeränderter Kratzer. Das war dieser fürchterliche Hund von G. gewesen. Der einen immer so ansprang, der in Schuhe und Handgelenke kniff. Aber der war ihr nicht ins Gesicht gesprungen. Sie befühlte den „Schmiss" und stellte entsetzt fest, dass dieser sogar ein wenig schmerzte. Das würde doch um Gottes willen keine Narbe geben. Sie besah sich ihre neuen French Nails. Konnte sie sich während des Schlafes so gekratzt haben? So?

Nur gut, dass sie noch ein paar Tage Urlaub hatte. So wollte sie sich den Kollegen nicht zeigen. Das würde nur dumme Sprüche geben. Sie klangen ihr in den Ohren: „Na, da war aber einer stürmisch..." Oder: „Sind das jetzt die neuen Knutschflecken?" Dabei war sie in aufrichtiger Sorge, dass dieser Striemen keine Narbe ergab. Der Gedanke, sich selbst nächtens so gekratzt zu haben, ließ sie nicht los. Würde sie am nächsten Tag mit einem weiteren Kratzer aufwachen? Das hatte bisher mit ihren kurzen Nägeln natürlich nicht passieren können.

Ein paar Tage später rief C. an. „Du hast doch jetzt auch diese tollen Nägel. Sehen super aus. Aber..." C. stockte.

Sie wurde ungeduldig. „Was denn?"

„Naja, du hast sie noch nicht so lange…"

„Jetzt sag´ schon. Was ist denn?"

C. schwieg ein paar Sekunden zu lang. Sie wurde unruhig. „Also ich hab´ sie mir jetzt wieder wegmachen lassen."

Sie runzelte die Stirn, was C. am anderen Ende nicht sehen konnte. „Du? Du hast doch immer so geschwärmt."

„Ja schon", sagte C. etwas einsilbig. „Aber weißt du, es ist halt nicht so ganz hygienisch…"

Sie antwortete nichts. Nach einer viel zu langen Pause fuhr C. fort: „Ich hab´ schon seit ein paar Tagen jeden Morgen das Bett voll…"

„Womit?", entfuhr es ihr lauter als beabsichtigt.

„Das ist mir jetzt wirklich unangenehm", sagte C. „Ich hab´ anfangs an Flöhe oder Läuse von dem Hund von meinem Klaus gedacht. An was denn auch sonst? Aber der liegt ja nicht oft mit ihm Bett. Und sie sind immer nur da, wo ich die Hände liegen habe. Winzige schwarze Punkte."

Sie dachte für einen Moment: Die ist ja vollkommen hysterisch. Schwarze Punkte. Ja und? Sollte sie halt öfter das Laken wechseln. Oder den Hund ihres Lebensgefährten nicht mehr ins Bett lassen. Das würde sie natürlich niemals zu ihr sagen. Und so fragte sie vorsichtig: „Was meinst du damit?"

C. wand sich. Das konnte sie durchs Telefon hören. „Ach Mensch, ich sag´ dir das doch nur, weil du auch… Und wehe, du sagst ein Wort zu G. Die lacht sich tot."

„Herrschaft, was ist denn? Sag halt endlich."

„Die bewegen sich." C. schrie es fast ins Telefon. „Und sie formen jeden Morgen das Wort Tussi. Ich seh´ es ganz genau. Für einen Moment, dann ist es weg. Dann ist es nur noch ein Gewusel."

Sie sagte nichts. Drückte die Freundin schweigend weg. Entsetzt. Erschüttert. Schnitt sich die Nägel ab, sah die schwarzen Punkte rieseln. Sah nicht hin, wollte nicht sehen, was diese ihr vielleicht sagen wollten…

Chia-Samen

Monatelang hatte Werner V. die Körnchen mit großem Gewinn verzehrt. Der Stuhlgang hatte sich normalisiert, war kompakt und farbenfroh geworden, das Gewicht hatte sich reduziert, die Haut an Spannkraft gewonnen, das Haar an Fülle. Werner zweifelte keinen Moment an der Kraft der Körnchen und dankte seinem Gott jeden Tag zur zehnten Stunde dafür, im 47. Lebensjahr endlich über diesen Kraftquell gestolpert zu sein.

Früh schon hatte er begonnen, mit den Körnchen zu meditieren. Es dauerte eine halbe Stunde, bis der Fußboden reinlich gewischt, die Körnchen in einem Kreis ausgelegt waren. Doppelt so lange brauchte er, die Körnchen aufzusammeln. Zwei Stunden hatte er einmal damit zugebracht, einen der Winzlinge aus der Ritze zwischen zwei Holzbohlen zu pulen. Beinahe war er wieder in eine Art Nach-Meditation versunken darüber, warum sich das Kügelchen auf geradezu widerspenstige Weise nicht einfangen lassen wollte. Als er dann eben dieses Kügelchen in den letzten Löffel seines korrekt drehenden Joghurts sinken ließ, war er sicher gewesen, er werde noch am selben Abend wenigstens eine kleine Erleuchtung haben.

Noch nicht gelungen war es ihm, mit den Körnchen in Kontakt zu treten. Das schrieb er jedoch ausschließlich seiner nicht ausreichenden Empathie zu. Niemals hätte er die Körnchen verdächtigt, sich ihm zu verweigern. Als sich die ergebnislosen Versuche häuften, mit den Kügelchen über Gott und die Welt zu diskutieren, befiel Werner V. eine Schwermut, die bald auch sein volles Haar, seine straffe Haut und sein tadelloser Stuhlgang nicht mehr zu lindern vermochten. In diesem Zustand suchte er seinen Heilpraktiker auf.

Bioresonanz sei der „Lebenswiderhall", sprach der Heilpraktiker. Und von „Resonanzen gegenüber dem Leben" redete er. Werner V. war inzwischen soweit, dem Mann die geöffnete Packung der

Körnchen zu überlassen. Von da an überschlugen sich die Ereignisse. Der Heilpraktiker fand keinen Lebenswiderhall in den Körnchen und nannte sie kurzerhand giftig. Werner V. versank in tiefe Depression, klagte noch kurz gegen den Lieferanten der Körnchen und war nicht mehr in der Lage, das leise Zwitschern der vier Kügelchen zu hören, die es geschafft hatten, sich zwischen den Holzbohlen seines Wohnzimmers zu verstecken.

Keine Stimme für Dirnberger

Traugott Dirnberger war der Einzige, der nicht eine Stimme bekommen hatte. Keine. Nicht einmal die drei, die sie sich alle selbst gaben. Für die drei war er sich zu gut gewesen.

Als er kurz vor Mitternacht aus dem Wahllokal nach Hause kam, ging er nach einer Katzenwäsche augenblicklich ins Bett und lag dann noch bis zum Morgen grübelnd. Was hatte er nur so katastrophal falsch gemacht, dass ihn niemand gewählt hatte? Dass niemand, nicht ein einziger Wähler sein Kreuzchen hinter dem Namen Dirnberger gemacht hatte? Wie hatte der Kollege von der anderen Partei auf dem Rathaus-Parkplatz feixend gesagt: „Du hast dich ja offenbar nicht mal selbst gewählt, dann hättest jetzt wenigstens drei Stimmen."

Selbst gewählt! Dirnberger glaubte, nicht recht gehört zu haben. Diese drei Stimmen wären ja wohl das Peinlichste gewesen, das man sich nur denken konnte. Aber wie es aussah, hatten die Kollegen, die jetzt keine Kollegen wurden, sich alle selbst gewählt - und fanden das selbstverständlich. Freilich wusste auch Dirnberger um Politiker wie Konrad Adenauer - und irgendwie fand er es konsequent, für sich selbst zu stimmen, wenn man schon der Auffassung war, ein Amt wie dieses einigermaßen ausfüllen zu können. Dennoch hatte er vor dem riesigen Wahlzettel allein in der Kabine keine Sekunde daran gedacht, sich selbst eine Drei hinter den Namen zu schreiben. Er hatte aber auch keine Sekunde daran gedacht, dass dies auch sonst niemand tun würde.

Was hatte er falsch gemacht? Er ging bis zum Morgen wieder und wieder durch, was er bei der Vorstellung der Kandidaten in den einzelnen Ortsteilen gesagt hatte. Er hatte immer nur gesagt, was er dachte, wie er zu den Dingen stand. Und er hatte erläutert, wie er zu dieser Haltung gekommen war. Dass er sich ausgiebig mit den jeweiligen Themen befasst hatte. Dass er zum Beispiel keinen Sinn darin sah, jeder kleinen Dorffeuerwehr regelmäßig ein neues Auto zu kaufen. „Sag´ das auf keinen Fall mehr, das ist politischer Selbstmord", hatten ihn die Parteifreunde gewarnt, aber er wiederholte es, wenn das Thema zur Sprache kam. Es war die Wahrheit. Und er konnte das mit Zahlen belegen.

Er hatte auch gesagt, was für ein Unfug es sei, Fördermittel zu verbauen, die man gar nicht benötige, die nur gerade ausgeschüttet wurden. Lieber solle man sich einsetzen dafür, dass diese Mittel umgeleitet werden konnten auf notwendige Projekte anderswo, für die es bisher keine Förderung gab. Das konnte man ihm doch nicht negativ ausgelegt haben. Es war doch die Wahrheit. Das wusste doch jeder.

Und er hatte sich stark gemacht dafür, die Prinzregentenstraße zwischen den Ortsteilen Unterfürried und Oberfürried nicht nach Art einer sehr breiten Kreisstraße auszubauen. Es genüge, das Sträßchen auszubessern; je weniger perfekt die Straße sei, umso langsamer werde natürlicherweise dort gefahren. Umso weniger Lärm für die Anwohner, umso weniger Unfälle - es standen bereits drei Kreuze am Straßenrand, umso weniger überfahrene Tiere. Waren das keine guten Argumente? Es war doch die Wahrheit. Darüber schlief Traugott Dirnberger endlich ein. Verstanden hat er bis heute nicht, was er Falsches gesagt hat.

Die letzte Konsequenz

Sie erwachte vollkommen zerknüllt. Und hatte nur den einen Gedanken: Wie gut, dass ich die 120-Liter-Tonne nie abgeschafft habe.

Sie kauerte in einer Art Embryo-Haltung. Kopf und Oberkörper weit unten, mehr oder weniger gegen die Knie gedrückt, die Füße am Deckel der Tonne. Dunkel erinnerte sie sich an den vorhergehenden Abend.

Sie hatte wieder ein paar Artikel von diesen durchgeknallten amerikanischen Minimalisten gelesen, die jeden einzelnen Gegenstand zählten und sich bemühten, die Zahl Hundert nicht zu überschreiten. Zählten die eigentlich die Klopapierblätter einzeln oder nur die Rollen? Sie wusste es nicht. Und verlor sich für einen Moment in der Überlegung, wie viele Blätter eine Klopapierrolle wohl hatte.

Wie war sie nur in die Tonne geraten? Hatte sie ein Glas zuviel getrunken? Nein, da war sie sich ganz sicher. Und ein Glas mehr würde niemals einen solchen Ausfall nach sich ziehen. Und wie sollte sie nur wieder aus der Tonne herauskommen? Die Arme waren eingeschlafen, aber das war nicht das größte Problem. Sie war derart zusammengefaltet und mit ihrem Schwerpunkt so weit unten in der Tonne, sie konnte sich nicht vorstellen, ohne Hilfe jemals wieder Tageslicht zu sehen.

Sie hatte auch ein paar You-Tube-Filme angesehen, erinnerte sie sich. Über Minimalism, Simplicity, Lessness. Sie hatte ganz normal an ihrem Schreibtisch gesessen - wie jeden Abend. Und dann war sie spätnachts noch einmal ihren verbliebenen Besitz durchgegangen. Daran erinnerte sie sich noch.

Aber wie war sie in die Tonne gekommen? Roch sie schon nach Mülltonne? Und dann kramte sie nach weiteren zwei Stunden in verkrümmter Haltung die Erinnerung an einen Artikel hervor mit dem Titel „Selbstentsorgung - die letzte Konsequenz". In dem Moment öffnete jemand den Deckel der Tonne und reichte ihr die Hand hinunter.

Floh im Ohr

Seit Tagen schwebte sie atemlos durch Schule, Zuhause, Frühstück, Mittagessen, Abendbrot. Ihrem Gatten gefiel das selige Lächeln auf ihren Lippen, wenn sie wieder und wieder vor sich hin summte: „Atemlos durch die Nacht..." Ihre Schulkinder grinsten, ein paar kicherten, wenn sie hinter ihnen stand, ihnen über die Schulter sah und dabei so leise wie möglich, aber doch unüberhörbar durch die Zähne pfiff: „Atemlos durch die Nacht..." Dorothea B., gestandene Schulleiterin und honorige Stadträtin, hatte einen Floh im Ohr.

Die Lehrerkonferenz fand es anfangs charmant, dann leicht nervig, später befremdlich, dass die Kollegin den nicht mehr ganz taufrischen Schlager so gar nicht mehr von den Lippen bekam. Irgendwann tuschelten die Lehramtsanwärter. Ein älterer Kollege begrüßte Dorothea eines Morgens zweideutig: „Na, wieder eine atemlose Nacht gehabt?" Beim Versuch, seine Anspielung zu singen, traf er jedoch den Ton nicht. Dorothea B. focht derlei nicht an, sie schien die irritierten Blicke nicht zu bemerken, schien für Momente in eine andere Welt abzutauchen, wenn sie wieder vor sich hin summte: „Atemlos durch die Nacht..."

Paul B. lag seit Tagen schlaflos. Wie sollte er Dorothea sagen, dass ihr Summen, ihr leises Singen, ihr Pfeifen kaum mehr erträglich war? Sie sah so glücklich aus, wenn sie atemlos in die Nacht entschwand. So selbstvergessen. Aber war das noch gesund? Er überlegte, einem alten Studienfreund zu schreiben, der spätberufen vor fünf Jahren Psychologie studiert hatte und seit kurzem für eine Frauenzeitschrift arbeitete. Paul S. hatte ihn nie ernstgenommen, hatte aber inzwischen dessen Kontaktdaten gegoogelt. Und wenn es der Wechsel war? Frauen konnten seltsam werden in diesen Jahren, hatte er gelesen.

Auch Tabea R., emeritierte Rektorin und Mentorin Dorotheas, schlief nicht mehr, seit sie von mehreren ehemaligen Kollegen angerufen worden war. So kannte sie die Jüngere gar nicht. Diese patente, unprätentiöse Frau, die sie so schätzte. Und dann noch dieser fürchterliche Schlager. Konnte sich so ein Burnout ankündigen? Auch das passte so gar nicht zu ihrer Dorothea. Zu der Dorothea, die sie kannte. Zu kennen glaubte.

An dem Tag, an dem eine Nachbarin bei ihm gewesen war und sich nach dem Befinden seiner Frau erkundigt hatte, die beim Rasenmähen „wie eine gesprungene Schallplatte", so hatte die Nachbarin es ausgedrückt, in Dauerschleife „diesen einen Schlager, Sie wissen schon..." gesungen hatte, an diesem Tag beschloss Paul B., mit seiner Frau darüber zu sprechen. Sie war schon ins Bett gegangen, leise öffnete er die Schlafzimmertür. Seine Frau saß im Bett und hielt einen kleinen Kosmetikspiegel so, dass sie offenbar in ihr rechtes Ohr blicken konnte. Von dem folgenden Dialog, dessen Zeuge er wurde, hat Paul B. bis heute niemandem erzählt, aber er besucht seine Frau tapfer einmal im Monat in der Anstalt:

„Du legst mir jetzt endlich eine andere Platte auf, ich bringe Helene Fischer sonst um."

„Ich dachte, dir gefällt der Song."

„Aber doch nicht wochenlang."

„Ich höre immer nur, du sähest so glücklich aus, wenn du vor dich hin summst."

„Was du hörst…"

„Ich höre alles. Ich bin schließlich dein Floh im Ohr."

„Ein Tag noch ´Atemlos´ und ich bringe mich um."

„Grad wolltest du noch Helene Fischer umbringen."

„Depp!"

„Was möchtest du denn gern hören? Wobei ich mir die Bemerkung erlaube, dass es nicht geschickt wäre, wenn du dir jetzt Woglindes ´Weia! Waga! Woge, du Welle! walle zur Wiege! Wagalaweia! Wallala weiala weia!´ wünscht…"

Die Schwarze Witwe

„Ich bin eine S-warze Witwe", lispelte sie. Und kniff die Augen zusammen. Und den Mund. Um so gefährlicher zu wirken. Giftiger. Dazu hatte sie ihre acht Beine hoch aufgerichtet, so hoch es ging. Der Leib - kaum stecknadelgroß - bebte.

Frau Salomon stutzte. Sie beobachtete das winzige Spinnchen neben ihrem Badezimmerspiegel schon seit ein paar Minuten. Wie ein Vorbote des Sommers war es ihr vorgekommen. So winzig klein, so zart. Die langen Winterwochen hatte sie keine Spinne gesehen. Und hatte sie auch nicht vermisst. Denn sie fürchtete sich vor Spinnen. Nicht jedoch vor einer so winzigen. Und so hatte sie das Tier mit liebevollem Interesse betrachtet, nachdem sie sich vor dem Zubettgehen die Zähne geputzt hatte.

Sie dachte im ersten Moment an eine Sinnestäuschung. Das Tier konnte doch nicht sprechen. Da hörte sie es wieder. „Ich bin eine S-warze Witwe." Sehr leise, aber doch deutlich vernehmbar. Die kleine Spinne sprach. Und sie lispelte!

Frau Salomon erschrak. Sie hatte gerade die Sechzig überschritten, konnte das ein Anzeichen für diese schreckliche Alzheimer-Krankheit sein? Wenn man Stimmen hörte, war man doch entschieden nicht mehr normal, dachte sie und schauderte. Sie hatte sich wie jeden Abend nur diesen einen kleinen Cognac gegönnt. Daran konnte es nicht liegen.

Da hörte sie es wieder: „Ich bin eine S-warze Witwe, ich kann dich töten!" Frau Salomon schob alle Überlegungen über eine Erkrankung beiseite und murmelte: „Spinnen können nicht sprechen..."
„Dummes Zeug", zischte es. „Warum sollten wir nicht sprechen können. Ich warne dich nur noch ein einziges Mal: Ich bin eine S-warze Witwe."

Von einer Sekunde auf die andere fand Frau Salomon nichts mehr dabei, sich mit der Spinne zu unterhalten. „Du bist keine Schwarze Witwe. Die gibt es bei uns nicht. Du bist ein süßes kleines Spinnchen. Warum solltest du mich töten wollen?" – Stille.

Frau Salomon war sofort wieder in der Wirklichkeit. Welcher Wirklichkeit? Sie hatte eben zu einem Spinnchen an der Wand gesagt: „Du bist keine Schwarze Witwe." Sie sollte wohl endlich zu Bett gehen, es war spät. Sie trat vom Spiegel zurück, lächelte in sich hinein und wollte das Licht ausmachen, als sie – sehr leise – die Worte hörte: „Du bist gemein!" Frau Salomon atmete tief durch. Schluckte und blickte zum Spiegel. Zur Spinne. „Du bist so gemein."

„Ich bin nur nicht groß genug. Aber ich bin trotzdem giftig. Ich könnte niemals deine Haut durchbeißen. Ich weiß. Was habt ihr auch so eine dicke Lederhaut, ihr Menschen! Ich lisple. Ja. Das kommt dazu. Ich bin winzig klein. Ja, ja, ja. Weißt du eigentlich, dass ich zu klein geraten bin, dass die anderen alle größer sind? Wenn man dann auch noch lispelt... Ach, du hast ja keine Ahnung!"

Frau Salomon hörte dem Spinnchen schweigend zu. Sie lachte nicht ein einziges Mal. Sie hatte das Gefühl, der Schmerz des kleinen Tiers drücke ihr Herz wie in einem Krampf zusammen. Sie suchte lange nach den passenden Worten. Dann sagte sie: „Du bist keine Schwarze Witwe. Aber Du hast eine wunderbare Gabe. Du kannst sprechen. Du kannst zu uns Menschen sprechen..."

Da fiel ihr das Spinnchen mit tränenerstickter Stimme ins Wort: „Du Närrin, das können wir doch alle. Ihr versteht uns nur nicht."

Artgerechte Haltung

Barbara A. aus W.: Mein Mann hat heute morgen den Bus zum Männerspielplatz verpasst. Jetzt wäscht er seit drei Stunden unseren Wagen mit dem Hochdruckreiniger. Er wäscht wie ein Besessener. Der Lärm ist nicht mehr auszuhalten. Was kann ich tun?

Dr. K: Leider kommt es immer wieder vor, dass Männer am Samstagmorgen nicht rechtzeitig an den Haltestellen stehen. Nicht selten eskaliert die Situation dann. In Ihrem Fall, Frau A., gehen Sie langsam auf Ihren Mann zu. Betrachten Sie den Wagen von allen Seiten und loben Sie Ihren Mann einfühlsam für seine Arbeit. Dann stellen Sie sich an seine Seite und sehen ihm zwei Minuten bei der Arbeit zu. Er wird das als die Bestätigung empfinden, die er so sehr braucht.

Dann nehmen Sie ihm sanft ohne Gewaltanwendung die Spritzpistole aus der Hand und legen ihm dafür den mitgebrachten Schraubenzieher hinein. Das alles muss in einer einzigen fließenden Bewegung geschehen, Ihr Mann soll zu keinem Zeitpunkt den Eindruck haben, ohne ein Werkzeug in Händen dazustehen. Dann stellen Sie den Reiniger ab und dirigieren Ihren Mann zu dem vorbereiteten Werkstück in den Hobbykeller, wo sie ihn dann mit geräuschärmeren kleinen Aufgaben beschäftigen können. Es empfiehlt sich, für solche Situationen immer eine Reihe von defekten Radiogeräten oder Haartrocknern bereitzuhalten; auch eine defekte Waschmaschine vom Sperrmüll kann einen Mann einen ganzen Samstag still beschäftigen.

Der Fall zeigt, wie wichtig es ist, dass Frauen sich darum kümmern, dass Männer wenigstens einmal die Woche zu ihren Spielplätzen kommen. Der Samstag hat sich dabei besonders bewährt, da an diesem Tag die meisten Artgenossen anzutreffen sind, was den Mann zusätzlich sozialisiert.

Es kann nicht genug betont werden, wie segensreich sich die Männerspielplätze nicht nur auf die Psyche der Männer selbst auswirken. Wie die Kriminalstatistik eindeutig belegt, ist die Zahl der Gewalttaten von Ehefrauen an lärmenden Männern deutlich gesunken. Gleichzeitig sind Männer, die sich regelmäßig einmal in der Woche auf einem gut bestückten Männerspielplatz stundenlang mit Kreissäge, Laubsauger oder Rasentrimmer austoben dürfen, signifikant entspannter und umgänglicher.

Der moderne Mann, der nicht mehr mit der Keule auf Nahrungssuche gehen muss, wurde jahrzehntelang in seinem angeborenen Tatendrang vernachlässigt. Die Verbringung auf einen Männerspielplatz mindestens einmal die Woche ist daher die Grundlage seiner artgerechten Haltung.

„Lassen Sie´s laufen"

Sabine T. aus Görlitz: Meine Mama ist seit zwei Wochen in einem Altenheim. Es ging nicht mehr, mein Mann und ich arbeiten, sie brauchte zuletzt leider auch eine Betreuung tagsüber. Das konnten wir uns nicht leisten. Sie hat von sich aus vorgeschlagen, in ein Heim zu gehen.

Ihr Problem ist folgendes: Sie trinkt abends gern ein paar Gläschen Wein. Ein paar Gläschen, nicht ein paar Flaschen. Und sie isst gern fett. Beides darf sie plötzlich nicht mehr. Sie bekommt in dem Heim keinen Tropfen Wein und die Bratensoße dort hat nicht ein einziges Fettauge, sagt sie. Meine Mama ist 93 und bei klarem Verstand. Warum darf sie im Heim nicht trinken und essen, was sie mag?

Dr. K: In einer TV-Schnulze sagt Christiane Hörbiger bei der Besichtigung eines luxuriösen Alten-Stifts: „Hier nehmen sie dir Schuhe, Brille und Zähne weg, damit du nicht wegrennen kannst. Es ist nur noch eine Frage der Zeit, bis du ins Bett pinkelst." Leider hat sie recht.

Begeben wir uns einst in fremde Hände, können wir uns gleich in die geschlossene Alzheimer-Station einweisen lassen. Der Unterschied ist marginal. Denn ein Altenheim macht es sich zur Aufgabe, seinen Insassen eine eigenwillige Pflege zuteil werden zu lassen. 300-prozentig hier, 15-prozentig da.

Ist eine 89-jährige Insassin eines Heims es gewohnt, jeden Abend ihr Fläschchen Wein zu trinken. Ausgeschlossen! Das könnte der 89-jährigen Leber schaden. Das könnte dazu führen, dass die Dame mit ihrem abendlichen Fläschchen nicht 97 wird, sondern nur 96. Aber gebadet wird die Alte nur alle 14 Tage, das muss genügen. Und es interessiert niemanden, dass sie bis zum Einzug ins Heim jeden Tag gebadet hat.

Und wenn die Mama zu oft aufs Klo muss? Ohne Hilfe aber nicht mehr auf die Schüssel klettern kann? Dann bekommt sie zu hören: „Lassen Sie´s doch laufen, Sie haben ja eine Einlage drin."

Liebe Frau T., wir können Ihnen in diesem Fall leider keine Hoffnung machen. Uns erreichte vor kurzem jedoch ein Bericht aus Papua-Neuguinea, der aufhorchen lässt. Dort setzt man bei der Betreuung alter Menschen auf Roboter. Es gibt bereits eine Handvoll deutscher Senioren, die sich dort betreuen lassen. Eine davon ist Hiltrud S., die uns folgendes geschrieben hat:

„Mein Avatar hat mich gerade aufs Klo gebracht. Ein unscheinbarer Mann - ich mag diese Frauen-Solidarität in intimen Dingen nicht - mit unerhört feinfühligen Augen. Schweigsam, geradezu wortkarg, aber mit Augen (ich habe ein nicht näher definiertes Dunkelblau-Anthrazit gewählt), die Jahrhunderte durchwandert zu haben vorgeben. Augen, die von Schwertern zerfetzte Kreuzritter-Leiber gesehen haben wollen, die scheinbar Pest-Tote in den Armen gehalten und Eichmann-Opfern die Wunden zugenäht haben.

Mein Avatar zieht mir die Windelhose aus und setzt mich auf die Schüssel. Das ist mir nicht peinlich, denn ich weiß, wie er fühlt. Er ist nach meinen Wünschen programmiert. Ich sitze auf der Schüssel, während er das Bett aufschüttelt. Dabei summt er eine uralte Melodie. Dann kommt er zurück, stellt keine dumme Frage, hilft mir auf, erledigt das Notwendige und bettet mich wieder.

Nachdem ich mich zurechtgerückt habe, ergreift er meine Tremor-geschüttelte Hand, hält sie in der seinen und summt noch einmal leise seine alte Melodie. Langsam gleite ich hinüber in die Welt meiner guten und schlechten Erinnerungen. Er bleibt sitzen, bis ich eingeschlafen bin. So ist er programmiert.

Anderswo werden Menschen wie ich immer noch von schlecht bezahlten Männern und Frauen gepflegt. Mal gut, mal schlecht. Menschen aus Fleisch und Blut, Menschen voller Empathie, aber zur rechten Zeit genervt, am Ende mit ihrer Geduld und immer mit viel zu wenig Geld in der Tasche. Mein Avatar braucht kein Geld. Und er hat diese unglaublichen Augen..."

#WeStrikeBack

Katrin E.-G. aus Bruck: Ich bin Lehrerin aus Leidenschaft, ich liebe meinen Beruf. Aber seit auch wir Lehrer auf Plattformen bewertet werden wie eine Amazon-Bestellung, bin ich mir nicht mehr sicher, ob ich bis zur Rente aushalte. Was wir uns da an den Kopf werfen lassen müssen... Ich hätte nie gedacht, dass ich einmal nicht mehr gern in meine Schule gehe.

Dr. K: Da stehen Sie für viele Kollegen, Frau E.-G., auch für Ärzte, Politiker, Versandhändler, die am Pranger stehen, die sich im Netz alles gefallen lassen müssen. Ich gehe aber davon aus, dass auch Sie bereits von der neuen Plattform #WeStrikeBack gehört haben. Da finden sich Kunden, Schüler, Patienten, Wähler genau da, wo sie selbst bisher öffentlich beleidigt, gespottet und bespuckt haben.

Versandhandelskunden finden dort öffentlich gemacht, dass sie grundsätzlich die zweite Mahnung abwarten, ehe sie sich bequemen, die Zahlung anzuweisen. Oder dass sie bekannt sind dafür, Abendkleider zu bestellen und diese einmal getragen mit einem kleinen Riss zurückzugeben. Oder dass sie sich quer durchs Sortiment bestellen und 90 Prozent der Sendungen zurückgehen lassen. Oder dass ausgerechnet bei dem einen oder anderen immer wieder eine Sendung spurlos verschwindet.

Lehrer schlagen ihren Schülern plötzlich ungeniert um die Ohren, wie dumm-dreist, taktlos, ungepflegt, unkultiviert und unsportlich sie sind. Nehmen kein Blatt mehr vor den Mund und keine Rücksicht auf zarte Seelchen. Wagen es auszusprechen, und tun das in immer noch maßvollem Ton, was Schüler ihnen seit Jahren in ganz anderer Manier unter die Gürtellinie prügeln. Da muss etwa eine Marie D. lesen, dass es bei ihr ganz sicher nicht einmal für die Metzgerei-Hilfskraft reicht, auch wenn sie selbst sich schon als weiße Whitney Houston aus Dinkel-Egelsberg sieht. Oder Patrick K. muss erfahren, wie lächerlich seine Pläne sind, der Pate vom Glockenbachviertel zu werden; mit seinem Verstand müsse er dankbar sein, wenn er einem solchen Paten einmal den Staub von den Rockschößen fegen dürfe (wörtlich steht da, er möge nachschlagen, was Rockschöße seien).

Patienten erfahren auf dieser Plattform, dass sie durchschaut sind in ihren peinlichen Wochenend-Leiden. Dass man nie wieder hören wolle: „Wenn Sie es mir nicht verschreiben, muss ich eben zu Dr. ..."

Ja, und dann die Politiker. Sie schreiben sich sturzbachartig von der Seele, was sie klein und immer kleiner gemacht hat. Schreiben, als sei ihnen vollkommen gleichgültig, ob sie jemals wiedergewählt werden. Lassen ihre Wähler wissen, dass sie es satt haben, sich bespucken zu lassen, sich treten zu lassen, sich als Pack bezeichnen zu lassen, das man in einen Sack stecken könne. Dass sie es satt haben, sich von Fernsehglotzern schlecht machen zu lassen, die bei Bier und Chips sitzen, während sie selbst zu später Stunde Akten studieren für einen Lohn, der einem Investmentbanker die Tränen in die Augen treibt.

Schauen Sie mal rein auf #WeStrikeBack, Frau E.-G., Sie werden Tränen lachen. Und Sie werden Ihren Beruf wieder lieben.

Wellness mit Schwester

Diese eine Woche musste sein, auch wenn ihr nichts Gutes schwante. So lange schon lag ihre Schwester ihr in den Ohren. Wie herrlich befreiend so ein Wellness-Kurzurlaub sei. Wie alles von einem abfalle. Sorgen, Schlacken, schlechte Haut. Wie man sich befreie. Von Ängsten, Allergien, Angewohnheiten. Und jetzt hatte sie ihr in Gottes Namen zugesagt. Fünf Tage Bad Salzuflen. Das volle Programm. Wellness in allen nur denkbaren Anwendungen.

Am Abend des vierten Tages wünschte Theresa S. sich nur noch eines zurück: all ihre schlechten Angewohnheiten und ein paar neue dazu. Denn der Preis für das Wellbeing, das bei ihr partout nicht „well" werden wollte, war ihr entschieden zu hoch. Sie hatte nackt Stunden mit Menschen verbracht, mit denen sie bekleidet nicht in einem Bus sitzen wollte. Sie hatte fremde Hände an ihrem Körper Dinge tun lassen, die sie sich selbst von ihrem geliebten Gatten verbeten hätte. Und gegessen und getrunken hatte sie so sparsam, so grün, so salzarm, dass sie sich jede Nacht in eine Badewanne voller Chips und Schokoriegel träumte.

Ein Tag noch, sagte sie sich, dann ist es vorbei. Und dieses Bad Salzuflen sieht mich niemals wieder. Ihre Schwester fand natürlich alles „ganz super". Am zweiten Abend hatte sie angeblich schon eineinhalb Kilo „runter". Sie, der Hungerhaken, der ohnehin in jedes schicke Kleid passte. Aber sie hatte sich geschworen gehabt, sich nichts anmerken zu lassen, komme, was da wolle. Zumal ihre Schwester sie eingeladen hatte in dieses sündhaft teure Folter-Ressort. Und so stieß sie beinahe ausgelassen mit ihrem giftgrünen Smoothie an und schwor Stein und Bein, dass es ihr gefalle hier, dass es ihr gut tue, dass sie ein neues Leben anfangen werde nach diesem Gesundheits-Trip. „Morgen wird´s nochmal ganz, ganz toll", sagte ihre Schwester, als sie sich am letzten Abend auf ihre Zimmer verabschiedeten.

Theresa S. war regelrecht satt, als sie erwachte. Sie hatte sich in ihrer Traum-Badewanne durch Chips und Schokolade gefressen, dazu Rotwein getrunken und nicht ein einziges Mal den Ouzo abgelehnt, den ihr ein freundlicher Grieche alle zehn Minuten über den Badewannenrand einschenkte. „Auf in den Kampf", dachte sie, als sie die Zimmertür hinter sich schloss, „den Tag bring´ ich auch noch rum."

Schlammbad. Das Grauen schlechthin. Ihre Schwester saß bereits dick eingepackt und lächelte so glückselig, dass sie beinahe ein schlechtes Gewissen hatte. Also lächelte sie tapfer zurück, zog sich aus und ergab sich ein letztes Mal. So saßen sie nebeneinander in schlammverkrusteten Wannen. „Tut das gut", stöhnte ihre Schwester. Sie schwieg. Zwischen ihren Zehen schmatzte es. Sie hatte das Gefühl, der Schlamm kröche ihr in alle Körperöffnungen. Und dann bewegte sich tatsächlich etwas in dem Schlamm. Etwas, das nicht zu ihr gehörte. Sie schluckte schwer. Da, schon wieder. Konnte das die Fasterei sein? Phantasierte sie? Sie spürte etwas ihr Bein heraufkriechen. „Susanne?" Aber ihre Schwester war eingeschlafen. Jetzt spürte sie etwas am Arm. Am Bauch. An der Fußsohle. Und dann steckte ein Regenwurm den Kopf aus dem Schlamm.

Theresa S. ist nur mit einem Bademantel bekleidet, über und über schlammverkrustet, von Bad Salzuflen zu Fuß über Stock und Stein 263 Kilometer nach Hause gelaufen.

Erinnerung an den Rinder-Treck gen Berlin

Sie bemerkte den Viehanhänger erst, nachdem sie schon ein paar Minuten hinter diesem hergefahren war. Sie war zu sehr in Gedanken gewesen. Und dann sah sie die Ohren. Wie sie in jeder Kurve wippten. Pferde oder Rinder? Da hob eine der beiden Kühe den Kopf.

Kühe also. Zwei Stück. Vier Ohren. Die beiden mussten auf dem Weg zum Schlachter sein. Sie war keine Vegetarierin und sie wusste später nicht zu sagen, was in dem Moment in sie gefahren war. Aber als der Anhänger abbog, fuhr sie hinterher. Die eine Kuh hob nun immer wieder den Kopf. Ohne zu überlegen, überholte sie und gab dem Fahrer zu verstehen, er möge anhalten.

Der Fahrer war zu irritiert, um sich zu widersetzen. Sie wartete auf ihn, hinter dem Rücken hielt sie den Gas-Revolver, den sie seit Jahren im Handschuhfach spazieren fuhr. Sie zwang den Mann, den Vieh-Anhänger an ihren Wagen anzuhängen. Die hässliche Anhängerkupplung hatte sie aus Faulheit immer noch nicht abmontieren lassen. Dann bugsierte sie den Mann mit vorgehaltenem Revolver wieder hinters Steuer seines Autos, nahm ihm Schlüssel und Handy ab und sperrte ihn in dem alten Geländewagen ein, den man von innen nicht entriegeln konnte.

Nun standen die zwei Kühe in ihrem Garten. Sie standen riesenhaft vor ihr und starrten sie an. Und sie hätte sie am liebsten angeschrien: Was wollt ihr von mir?

Lange standen sie sich so gegenüber. Es wurde dunkel und sie wunderte sich, dass nicht längst eine Polizeistreife vorgefahren war. Vielleicht hatte der Schlachthoffahrer einen Herzinfarkt erlitten? Oder war erstickt? Konnte man in einem geschlossenen Wagen ersticken? So schnell sicher nicht. Vielleicht hatte er Asthma. Musste stündlich Medikamente nehmen. Oder Angstattacken. Oder eine

Darmkrankheit. Vielleicht wurde er von seinem Freund erwartet. Sicher ein Schlachter, dachte sie und genoss das Vorurteil.

„Wir stehen Gewehr bei Fuß", hörte sie da plötzlich die eine Kuh sagen. Sie bewegte das Maul nicht, aber sie hörte sie sprechen. Ganz deutlich. Deutsche Sprache, korrekte Grammatik. „Wir brauchen ein paar von euch, allein schaffen wir es nicht."

„Was schafft ihr nicht?" Die Situation war so absurd, sie konnte sich ebensogut auf dieses Gespräch einlassen.

„Ihr müsst uns die Stalltüren öffnen und ihr müsst uns anführen."

„Anführen? Wohin?"

„Nach Berlin. Vor den Bundestag."

Und dann ging alles ganz schnell. Der von abertausenden Rindern umlagerte Bundestag beschloss eine Notverordnung, wonach die Massentierhaltung von heute auf morgen verboten wurde. In Berlin war rund um das Regierungsviertel der Verkehr zum Erliegen gekommen. Polizei und Bundeswehr sahen sich außerstande, den kilometerbreiten Ring von Rindern aufzulösen. Die Tiere bewegten sich auch angesichts vorgehaltener Bolzenschussapparate nicht. Wobei kein Regierungsmitglied und kein Abgeordneter in Verbindung gebracht werden wollte mit einem Meer an niedergemähten Rindern.

Christiane C.

Als sie vor dem Richtertisch aufschluchzte: „Ich kann doch nur meinen Mann nicht vergessen!", wischten sich sogar einige ihrer Opfer eine Träne aus dem Auge. Christiane C. hatte 25 Männern die Ehe versprochen, 14 Männern das Herz gebrochen und in 21 Männern unangenehme Leidenschaften entfacht. Eine Handvoll der Herren hatte sie vor den Kadi gezerrt.

Dabei hatte alles ganz normal begonnen. Ein halbes Jahr nach dem Tod ihres Gatten hatte Christiane C. festgestellt, dass sie nicht imstande war, allein den Rest ihres Lebens zu bewältigen. Also hatte sie sich auf die Suche gemacht. Zuerst mittels Anzeigen im Lokalblatt, später im Internet. Sie war eine gestandene, blitzsaubere Erscheinung in mittleren Jahren, die durchaus zu beeindrucken wusste.

Die ersten Bekanntschaften waren ernüchternd, aber Christiane C. blieb tapfer bei der Stange. Probierte hier, kostete dort, blieb da eine Weile dabei, fing jene Liebelei an. Und so ergab es sich, dass die wackere Witwe eines Tages 32 Herren im Portfolio hatte, von denen der eine nichts vom anderen wusste.

Eine Weile hatte sie die Herren dank einer App auf ihrem Smartphone so gut im Griff, dass es zu keiner peinlichen Begegnung kam, auch wenn diese sich bisweilen die Klinke in die Hand gaben. Irgendwann jedoch entglitt ihr die Sache.

Waldemar H. hatte den Gipfel der Lust noch nicht erreicht, als Karl-Erwin S. klingelte. Was tun? Christiane fiel nur der Schlafzimmerschrank ein. Atemlos und kaum bekleidet öffnete sie Karl-Erwin, was dieser wiederum selbstbewusst seiner stattlichen Erscheinung zuschrieb. „Du bist schon ausgezogen?", fragte er. Und so taumelte Christiane - eben noch in den Armen Waldemars - in Minutenschnelle in die Karl-Erwins. Sie war etwas spröder als sonst, wusste sie Waldemar doch im Kleiderschrank, doch der eher raubeinige Karl-Erwin bemerkte nichts.

Derweil entdeckte Waldemar, zunächst abgestoßen und erschüttert, wie sehr ihn das Liebesspiel erregte, das sich unmittelbar vor seinen Ohren abspielte. Um es kurz zu machen: Waldemar konnte fortan nur noch alleine im Schrank.

Ein weiteres Mal wohnte Christiane C. dem sensiblen Hartmut B. bei, als - zu früh - Ernst T. vor der Tür stand. Der äußerst schmal gebaute Hartmut floh unters Bett, in das sich gleich darauf Ernst warf. Hartmut B. sinnierte noch über eine feinsinnige kleine Rede, mit der er seiner Geliebten den Laufpass geben wollte, als er zu seinem großen Erstaunen bemerkte, wie sehr ihn die Bewegungen erregten, die sich auf ihn übertrugen. Und gleich darauf bewegte er sich mit, was Ernst wiederum als Christianes Leidenschaft interpretierte. Dabei lag diese ausnahmsweise mehr oder weniger teilnahmslos zwischen den beiden Männern, die nichts von einander ahnten.

Als sie bemerkte, dass Hartmut B. - so zart und sensibel er war, so laut konnte er werden - kurz vor seinem markerschütternden Lustschrei war, schrie sie ihrerseits so laut, dass Ernst einen Moment innehielt und sich über das Nachbeben des Bettes wunderte. Um es auch hier kurz zu machen: Hartmut B. konnte fortan nur noch unterm Bett, während Ernst T. keine Frau mehr gefunden hat, die sich so heftig bewegt, wie er es seither gern hat.

Sie alle hatten Christiane angezeigt, denn diese hatte ihr Liebesleben zerstört, ihre Träume ruiniert. Der Richter zeigte sich am Ende gnädig: Christiane C. musste den 25 Heiratskandidaten jeweils eine kleine Summe als Entschädigung zahlen. Gebrochene Herzen zu kitten und neue Leidenschaften abzustellen, sah der Richter sich außerstande.

Selbstmord auf der Waldlichtung

Guntram S. (51, verheiratet, zwei Kinder) wischte sich nun schon zum fünften Mal über die Augen. Und zum fünften Mal fand er sich nicht in seinem Bett - aus einem Alptraum erwachend. Er stand auf einer Waldlichtung, und er war umringt von einem Rudel Wölfe. Sie sahen aus wie große Schäferhunde, aber S. kannte Wölfe. Er wusste, es waren keine Schäferhunde.

Wie war er hierher gekommen? Wo kamen die Wölfe her? Sie standen in lauerndem Abstand, bildeten einen konzentrischen Kreis. Und sie blickten alle in seine Richtung. Er spürte auch die Blicke in seinem Rücken. Sie rührten sich nicht, sie knurrten nicht. Sie bildeten nur diesen geschlossenen Kreis um ihn und sahen ihn an. Wölfe sahen einen normalerweise nicht an...

S. versuchte, sich nicht zu bewegen. Er spürte, wie er heftig zu schwitzen begann - trotz der Kälte. Er atmete unbewusst ganz flach, in Sorge, allein schon das Heben und Senken seines Brustkorbs könne das Rudel zum Angriff bewegen. Die Wölfe verhielten sich jedoch vollkommen ruhig. Nichts deutete auf einen bevorstehenden Angriff hin. S. war sich bewusst, daß er keine Chance hatte gegen die ungefähr zwölf Tiere.

Er dachte an die junge Wölfin, die er vor kurzem schlampig angeschossen hatte. Er war kein besonders guter Schütze. Das Tier war ihm vor die Flinte gelaufen und er hatte abgedrückt. Es hatte ihn auch nicht weiter interessiert, dass er offenbar nicht richtig getroffen hatte. Am Stammtisch hatte er sich dann nicht verkneifen können, damit zu prahlen, er habe einen Wolf geschossen. Eines dieser „Biester" kalt gemacht. Er schluckte und bemühte sich, das unmerklich zu tun. Sie sahen ihn nur regungslos an.

Was war das hier? Ein Tribunal? S. sah die Wölfe näherrücken. Ganz sanft. Beinahe unmerklich. Aber derKreis um ihn wurde enger. Er konnte sie jetzt riechen. Er hatte Mühe, nicht hysterisch zu schreien. Er wollte erklären, warum er getan hatte, was er getan hatte. Aber wie? Wo er doch selbst nicht wusste, warum er geschossen hatte.

Einer der Wölfe leckte sich die Lefzen. Blickte ihn gleichzeitig unverwandt an. S. hatte das Gefühl zu ersticken. Ihm war nun so heiß, er hätte sich am liebsten ausgezogen. Das Gewehr lehnte an seinem Bein. Und es wurde immer schwerer. Jenes Gewehr, mit dem er die junge Wölfin dilettantisch angeschossen hatte. Die Wölfe waren schon wieder nähergerückt. Ihn trennten maximal eineinhalb Schritte von den Tieren.

S. zögerte noch kurz und hob dann die Waffe, die Tiere bewegten sich nicht. Er drückte ab und fiel, fünf Wölfe sprangen zur Seite. Das Rudel stand auf, beschnupperte den Toten - und verschwand im Wald.

Nach den Vögeln kam v. Görmann

Als die Mücken und Fliegen verschwanden, gab es kein Wehklagen. Es wurde nicht einmal bemerkt. So wie man jede Unannehmlichkeit schnell vergisst, wenn sie nicht mehr zwickt. Als die Bienen zur Seltenheit wurden, las man viel darüber. Allerlei Schreckliches, den berühmten Satz Albert Einsteins, der so wenig sicher von Einstein war, wie man den Klimawandel vor der eigenen Haustür sah. Ernsthaft vermisst und beklagt wurden sie allenthalben von Imkern. Was hatte man schon zu tun mit Bienen? Und dass die Gemeine Wespe keinen Grillabend mehr verdarb, war nun wirklich kein Schaden.

Als die Vögel verschwanden, wurde auch das anfangs kaum bemerkt, denn Spatzen und Meisen hielten tapfer die Stellung. Und weil vielerorts noch die eine oder andere Amsel vom Dachfirst aus zum Feierabendbier auf der Terrasse sang, kam niemand auf den Gedanken, es könne etwas ernsthaft in Schieflage geraten sein. Als auch sie verklangen, befanden die Terrassen-Griller noch, dass es zwar hübsch gewesen sei, die Amsel singen zu hören, aber der Planet werde ohne Spatz und Co. nicht untergehen. „Gibt´s wenigstens keine Vogelgrippe mehr", war der Kalauer jenes Sommers.

Dann schnellten die Lebensmittelpreise so plötzlich in so schwindelerregende Höhen, dass selbst gutbürgerliche Familien gezwungen waren, wenigstens einmal die Woche das Haushaltsbudget durch einen Fresskorb der örtlichen Tafel zu entlasten. Anfangs wurden die Großeltern vorgeschickt, aber als selbst Lehrer und Finanzbeamte sich Brot und Butter nicht mehr leisten konnten, wurde der Gang zur Tafel so salonfähig wie einst der Einkauf beim Discounter. Nur konnten die Tafeln die Not nicht lange auffangen, die Supermärkte mussten reihenweise schließen, als die Kundschaft wegbrach.

Mancher versuchte sich in diesen Jahren als sein eigener Kleinbauer im Garten, musste jedoch bald feststellen, dass er sein Gemüse entweder vergiften oder zusehen musste, wie es von einem Heer von Schnecken und Mäusen aufgefressen wurde, Tiere, die sich plötzlich am Ende der Nahrungskette fanden.

Als die Not sichtbar wurde und es kaum noch Dicke auf den Straßen gab, versprach Hubertus v. Görmann dem Volk Brot und Butter zu bezahlbaren Preisen. Der wie aus dem Nichts aufgetauchte adelige Kanzlerkandidat einer Partei namens „Deutschland!" - nur „Deutschland" mit Ausrufezeichen - schickte kleine Trupps mit Fresspaketen von Haus zu Haus. Niemand wusste, wie er diese Aktion finanzierte, aber der Freiherr aus dem Badischen wurde mit 68 Prozent der Stimmen des deutschen Volkes gewählt. Und wenige Jahre nach den Vögeln verschwanden auch Flüchtlinge und Nicht-Deutsche, Spaßmacher und Querdenker, Grünhaarige und Blaustrümpfe.

Die Spinne

Sie sah sie aus dem Augenwinkel und erstarrte in dem Moment, in dem sie erkannte, dass es sich nicht um den großen Weberknecht handelte, den sie seit Tagen furchtlos beherbergte. Das Tier saß hoch aufgerichtet da wie der Weberknecht, die acht Beine doppelt so dick, der Leib dreimal so groß.

Sie zwang sich, nicht aufzuspringen, die Erschütterungen würden die Spinne sofort zur Flucht veranlassen und sie würde keine Chance haben, sie wiederzufinden. Eine grauenhafte Vorstellung.

Die Ruhe, mit der sie aufstand, stand in unerhörtem Widerspruch zu dem Aufruhr in ihrem Innern. Schnell, ein Glas. Wenn das Tier nur sitzen bliebe. Sie griff nach einem langstieligen Weinglas. Und stellte es zurück. Die Öffnung viel zu klein. Ein großes Saftglas. Aber sie brauchte eine Postkarte, um sie darunter zu schieben, wenn sie es überhaupt schaffte, das Glas über die große Spinne zu stürzen.

Herrgott! Sie hatte alle Postkarten weggeworfen. Inzwischen hatte der Hund bemerkt, dass etwas nicht stimmte. Wenn er zu sehr herumtrampelte, würde die Spinne zu laufen anfangen. Und Spinnen dieser Art waren schnell. Sehr schnell.

Das Glas in der Hand stand sie zwei Meter vor dem Tier. Nein, sie konnte so nahe nicht herangehen, was, wenn die Spinne auf sie zugelaufen käme? Für einen Moment war sie versucht, den Hund auf die Spinne aufmerksam zu machen. Er hatte bereits zweimal Spinnen dieser Größe gestellt und gefressen. Zu ihrem Entsetzen.

Ihr blieb keine Zeit, die Spinne konnte sich jeden Moment in Bewegung setzen. Und dann griff sie zum Staubsauger, näherte sich dem Tier mit Tränen in den Augen und wiederholte „Verzeih mir, bitte verzeih mir!", als sie ihm das Rohr entgegenschob. Die Spinne bewegte sich nicht und ließ sich ohne Gegenwehr einsaugen.

So viele Jahre schon hatte sie keine Spinne mehr eingesaugt. Hätte diese an der Wand gesessen, sie hätte sie mit dem Glas ins Freie getragen. Aber sie hatte auf dem Boden gesessen. Hätte ihr entgegenlaufen können, während sie mit dem Glas auf sie zuging. Sie musste hemmungslos weinen über das Tier, das nichts für sein Aussehen konnte. Nichts dafür, dass sie solche Angst vor ihm hatte. Eine vollkommen absurde Angst. Nichts hätte dieses Tier ihr tun können. „Verzeih mir, verzeih mir", wiederholte sie unablässig unter Tränen.

Tränenüberströmt erinnerte sie sich, dass Spinnen dieser Größe das Einsaugen überleben konnten. Dass ihr früher Spinnen wieder aus dem Staubsauger gekrochen waren. Und sie war sich plötzlich sicher, dass das Tier noch lebte und unversehrt zwischen all den Hundehaaren saß. Es hatte im schlimmsten Fall eine Gehirnerschütterung. Schnell packte sie den Staubsauger, trat vor die Haustür. Sie würde den Beutel draußen herausnehmen und vor dem Haus stehen lassen, die Spinne konnte dann herauskriechen, wenn sie sich vom Schock des Einsaugens erholte hatte.

Vor der Haustür öffnete sie den Staubsauger vorsichtig. Was, wenn das Tier schon an der Beutelöffnung saß? Für einen Moment gewann die Furcht wieder die Oberhand vor dem schlechten Gewissen. Dann nahm sie den Beutel mit spitzen Fingern heraus und legte ihn ins Gras. Das Tier war nicht zu sehen. War es doch tot? „Verzeih mir", murmelte sie wieder. Und starrte minutenlang mit tränenverschleierten Augen auf die Beutelöffnung.

Und dann trat sie an den Beutel heran, kniete sich ins Gras und hielt die geöffnete Handfläche an die Beutelöffnung. „Komm", sagte sie. „Hab´ keine Angst, ich werde das nie wieder tun."

Sie wusste später nicht mehr genau, wie lange es gedauert hatte. Aber plötzlich nahm sie eine Bewegung wahr zwischen all den Hundehaaren in dem Staubsaugerbeutel. Langsam kam das Tier heraus. Es hatte ein Bein verloren, schien aber sonst unversehrt zu sein. Sehr vorsichtig setzte die Spinne ein Bein nach dem anderen in die geöffnete Handfläche. Die Frau war so glücklich, sie gesund zu sehen. „Wie schön du bist...", stammelte sie. Sanft setzte sie sie in die verblühende Zitronenmelisse. Sie verabschiedeten sich mit einem Lächeln.

Die friedfertige Hildgund

Die Wissenschaft hatte ihrer Art den klangvollen Namen Dolichovespula saxonica gegeben, Sächsische Wespe. Eine Wespenart, die im Gegensatz zur Gemeinen Variante vollkommen friedfertig ist und niemals Kaffeetafeln belagert. Sie selbst war Hildgund III. aus dem Hause Pillnitz. Im Schlossgarten von Pillnitz bei Dresden hatten ihre Großeltern ein Nest gehabt. Sie selbst hatte es in den benachbarten Freistaat Bayern verschlagen. Hier hatte sie einen Garten entdeckt, in dem sie eine Heimstatt für Generationen ihrer Nachkommen erkannte. Noch war der Garten unfertig, aber sie sah heute schon, was daraus werden konnte: ein Paradies, in dem auch ihre Nachkommen einen dauerhaften Platz finden würden.

Es war ihre Aufgabe als Königin, einen neuen Staat zu gründen. Und sie würde nicht ruhen, ehe sie diese Aufgabe erfüllt hatte.

Als sie ihr noch junges Nest zum ersten Mal zerstört vorfand, konnte sie sich nicht erklären, was geschehen war. Sie war eben von einer Mittagsmahlzeit zurückgekehrt, als sie feststellen musste, dass das Nest verschwunden war. Sie suchte verzweifelt, zweifelte an ihrem Verstand, bis sie im Gras außerhalb des Schuppens die Reste fand. Das Nest war zertreten, die Larven tot.

Sie war erschüttert. Wer konnte das getan haben? Wer tat so etwas? Aber sie wäre nicht Hildgund III. gewesen, hätte sie sich entmutigen lassen. Sie machte sich erneut ans Werk. Beim zweiten Vorfall waren bereits sechs Larven im Nest gewesen. Sie hatte jeden Tag gebaut und gefüttert. Es hatte an ihr gezehrt, aber sie war stolz gewesen auf ihr schönes Nest. Auf die Larven, die täglich wuchsen.
Und dann war auch dieses Nest plötzlich verschwunden. Hildgund III. hatte Mühe, nicht an sich und der Welt zu verzweifeln. Was war das für ein grausames Wesen, dem sie hier ausgeliefert war?

Hildgund schluckte noch weitere drei Mal, dass ihre Nester zerstört wurden oder verschwanden. Es war ihr Glaube an diesen Garten, der sie ein sechstes Mal zu bauen beginnen ließ. Oder war es ihr unerschütterlicher Glaube an das Gute in der Welt? Sie begann erneut. Hoffend, dass ihre Beharrlichkeit das grausame Wesen, das hinter den Zerstörungen stecken musste, irgendwann besänftigen würde. Darauf bauend, dass Friedfertigkeit der Königsweg war. Zuversichtlich, dass es ihr gelingen würde, das grausame Wesen für sich zu gewinnen, gelänge es ihr, ihm Aug´ in Aug´ gegenüberzutreten.

Und dann war der Augenblick viel zu plötzlich da. Sie hatte sich nicht darauf vorbereiten können. Sie hatte Mühe, nicht zu erstarren. Nicht ihren Stachel angriffsbereit zu machen. Sie unterdrückte jede Abwehrreaktion. Blieb am Nest sitzen. Ein Herumfliegen hätte das riesige Wesen vielleicht als Angriff missdeutet. Das Wesen schien jedoch selbst nicht angriffslustig zu sein. Betrat den Schuppen nur sehr zögerlich. Wand den Blick nicht von ihr. Konnte es sein, dass dieser Riese ebenfalls Angst hatte? Angst vor ihr? Der Riese betrachtete Hildgunds Nest längere Zeit, dann verneigte er sich vor ihr und ging. Sie wusste, sie hatte gewonnen.

Hildgund III. hat nie einen Menschen gestochen; sie wird für ihre Friedfertigkeit verehrt und bewundert. Sie hat mehr Nester gebaut als jede andere Wespenkönigin vor ihr.

„Habt ihr Pinzetten dabei?"

Als die Besatzung des Militärhubschraubers Meldung von der bewohnten Hütte machte, herrschte Ratlosigkeit im kalifornischen Hauptquartier. Die unwegsame Pazifik-Insel galt als unbewohnt, sie wäre sonst auch nie als Stützpunkt für einen neuen Abhorchposten diskutiert worden. Die dreiköpfige Hubschrauberbesatzung bekam Anweisung, mit der gebotenen Sensibilität vorzugehen. Schließlich war nicht auszuschließen, dass es zu diplomatischen Verwicklungen kommen konnte, sollte die schlichte Hütte ein bisher unbekannter Lauschposten der Russen sein.

Die drei Männer beschlossen, sich vorerst in den Urwald rund um die Hütte zurückzuziehen. Von ihren ersten Beobachtungen machten sie keine Meldung ans Hauptquartier. Am Morgen hatten sie gesehen, wie eine Gestalt, gebückt und humpelnd, in mühselig zusammengehaltenen Stofffetzen aus der Hütte kam. Ihr folgte ein Schwall schriller Schreie in einer Sprache, die die Soldaten als Deutsch identifizierten, aber nicht verstanden. Die später abgehörte Aufzeichnung ergab folgendes: „Blödkuh! Du bist dran. Schaff´ Wasser ran. Troll dich!"

Am Abend desselben Tages stand soviel fest: Es handelte sich um drei Frauen. Aber was für Frauen! Hätten die Soldaten nicht einigermaßen geschlechtsspezifische Merkmale erkannt, sie hätten auf eine bisher unbekannte menschenähnliche Art getippt.

Die Frauen hatten ein paar kleine Vögel gebraten, denen sie mit offensichtlich geübter Hand das Genick gebrochen hatten. Dann hatten sie in der Sonne gelegen, weitgehend unbekleidet. Ein eher unschöner Anblick, der keinen der Soldaten in Bedrängnis brachte. Zwei der Frauen hatten grau-gesträhntes hüftlanges Haar, eine etwas kürzeres. Ihre Gesichter waren von der Sonne dunkel gegerbt und an den Rändern noch dunkler. Konnten das Bärte sein? Die jungen Soldaten sahen sich schaudernd an. Die halbnackten Leiber hatten nichts Anziehendes. Dünn. Viel zu dünn. Die Brüste hängende Lappen. Die Beine stark behaart.

Die Soldaten kamen überein, die drei Frauen noch ein paar Tage zu beobachten. Sie schlugen neben dem Hubschrauber ein Zelt auf. Als sie mitten in der Nacht geweckt wurden, fanden sie sich geknebelt und gefesselt. Über jedem von ihnen kniete eine der grässlichen Frauen. Und beinahe unisono stießen sie heiser hervor: „Jungs, habt ihr Pinzetten und Rasierer dabei?"

Im Hauptquartier wurde das Gespräch aufgezeichnet und analysiert. Die Spezialisten für russische und nordkoreanische Geheimcodes waren sich nicht einig. Erst Putin selbst stellte schließlich klar, dass „Pinzetten" kein Code für einen neuen Typ von Langstreckenraketen war.

Der glückliche Sklave

Er stand nur da. Und schaute. Stand in seinem Zaun aus ein paar strombewehrten Schnüren. Normalerweise hätte ihn dieser Zaun nie gehalten, er ließ sie in dem Glauben, dass er es tue.

Der magere Elefant wirkte alt. Er war aber erst in der Mitte eines üblichen Elefantenlebens angekommen. Doch er führte kein übliches Elefantenleben. Er tat in einem kleinen Zirkus Dienst. Unfreiwillig. Aber nicht unglücklich. Freilich, er führte ein geknechtetes Leben. Eines, das so anders war als das, das ein Elefant in Freiheit führt. Doch er hatte sich entschieden.

Nun wurde er in einem engen, stickigen Wagen durch die Lande gefahren. Stand sinnlos auf kleineren Plätzen herum, um abends lächerliche Bewegungen auszuführen, die sie ihm gelernt hatten. Das war aber nur die eine Seite seines Daseins.

Der kleine Zirkus veranstaltete tagsüber, wenn keine Aufführungen waren, eine Tierschau. Das bedeutete nichts weiter, als dass die Menschen, in deren Stadt sie zu Besuch waren, kommen durften, um gegen ein paar Euro die Tiere in ihren Ställen und Boxen zu sehen. Der Elefant war die Attraktion. Er war eigentlich viel zu groß für den kleinen Zirkus.

Der Elefant machte immer wieder die gleiche Erfahrung: Er blickte in Augen, die zunächst fasziniert, dann ungläubig, dann traurig und schließlich tränennass in die seinen schauten. Er konnte wie alle Tiere die Gedanken hinter diesen mitfühlenden Augen lesen. Viele hätten ihn am liebsten gekauft und ihm eine saftige Wiese und die Freiheit geschenkt. Und den meisten blieb er im Gedächtnis, auch wenn der Zirkus längst fortgezogen war. Viele, die den Elefanten gesehen hatten, veränderten sich. Sahen vieles mit anderen Augen. Und das war es, wofür er sich damals hatte fangen lassen. In Freiheit hätte er nicht halb so viele Herzen berührt...

www.cellarrats.com

Karl S. war das, was man gemeinhin einen Tierfreund nennt, wenn er auch bei der Gemeinen Nacktschnecke an die hässlichen Grenzen seiner Tierliebe stieß. Er liebte Hund und Katz´ und alles sonst, was seinen Leib nicht fließend schleimend über den Boden schleifte.

Es gab allerdings auch unter den befellten Tieren solche, zu denen er nicht in näheren Kontakt zu treten wünschte. Er wusste, dass einige davon seinen Keller bewohnten, verdrängte jedoch den Gedanken an die verhuschten Gestalten, die sich sofort dem Blick entzogen, sobald er den Lichtschalter drückte. Diese Zurückhaltung hielt er ihnen zugute. Ebenso den Umstand, dass sie außerordentlich reinlich waren und ausschließlich die bereitgestellten Schälchen für ihre unumgänglichen Bedürfnisse nutzten. Nur aus diesem Grund sah Karl S. davon ab, den Tieren nachzustellen.

Es war an einem Novembermorgen, als er das erste Zettelchen auf der Kellertreppe fand. In leicht krakeliger, aber durchaus lesbarer Handschrift stand dort: „Wir möchten uns für die Duldung in dießem sehr schönen Keller erkänntlich zeigen. Wir bieten Ihnen an, fortan kostenlose VPA-Dienste für Sie zu übernehmen. Hinterlassen Sie Ihre Aufgaben bitte ganz formlos auf einem Zettel auf der Kellertreppe oder schreiben Sie eine kurze Mail an vpa-cellarrats@cellarrats.com."

Der Deutschlehrer in ihm stolperte auf der Stelle über „dießem" und „erkänntlich" und erregte sich eine Weile lautlos über die jüngste Rechtschreibreform. Dann erst war er imstande, sich der Botschaft zu stellen. Wer hatte den Zettel hier abgelegt? Er wusste es instinktiv. Aber so etwas war nicht möglich. Und was waren VPA-Dienste? Er beschloss, seiner Frau vorerst nichts von der Botschaft zu erzählen. Nicht, bis er wusste, was VPA-Dienste waren.

Virtuelle Persönliche Assistenten (VPAs) übernahmen mehr oder weniger alle Aufgaben, die man von einem Computer aus erledigen konnte. Das hatte ihm Google in Windeseile ermittelt. Und das boten „sie" ihm an... Unfug! Er musste seine Frau zur Rede stellen. Der Zettel konnte nur von ihr stammen. Doch etwas ließ ihn zögern...

Er beschloss, auf das Spiel einzugehen. Sollte sie sich doch plagen mit einer richtig schweren Aufgabe, offenbar hatte sie zu viel freie Zeit. Und so legte er noch am selben Abend ein Zettelchen auf die Treppe: „Bitte für den 3.11. ein Abendessen mit Heidi Klum vereinbaren im Münchner Louis. Danke." Er konnte sich ein hämisches Grinsen nicht verkneifen, als er die Tür zur Kellertreppe schloß.

Er stand früher auf als sonst, schlich barfuß hinunter - und hätte beinahe aufgeschrien, als dort ein Zettel lag: „Termin bestätigt. Frau Klum freut sich auf Sie." Den musste sie nachts noch geschrieben haben. Na warte, er würde heute im „Louis" anrufen.
Ihm entfuhr ein spitzer Schrei, als ihm die Dame am Telefon versicherte, am 3.11. sei Frau Klum mit Herrn S. um 19.30 Uhr im Restaurant des „Louis" verabredet. Frau Klum habe um den schönen Ecktisch neben der Bar gebeten. Man freue sich außerordentlich auf ihn. Herrn S.

Was ging hier vor? Karl S. setzte sich an seinen Computer und suchte nach www.cellarrats.com. Er fand die Seite, aber darauf nichts weiter als den Hinweis auf ein Unternehmen, das äußerst diskret VPA-Dienste anbot. Er stutzte. Bediente sie sich dieses Unternehmens, um ihn derart vorzuführen? Und wenn doch die Wesen im Keller? Nein. Nein. Nein...

Er schrieb an diesem Abend eine Mail: „Brauche morgen früh Jaguar E-Type V12 Roadster für Tagesausflug ins Allgäu. Wagen muss um 7 Uhr vor dem Haus stehen." So, das sollte sie ihm nächtens organisieren. Viel Spaß! Als er zu Bett ging, schwor er sich wachzubleiben. Er wollte ihre verzweifelten Anrufe hören. Wo wollte sie so schnell und über Nacht dieses alte Luxus-Cabrio auftreiben? Er schlief mit einem höhnischen Grinsen ein.

Und wachte schon um 6.05 Uhr auf. Schoss aus dem Bett ans Fenster. Nichts. Heute morgen würde er sie zur Rede stellen. Er legte sich genüsslich noch einmal nieder.

Als er um 6.55 Uhr ans Fenster trat, gefror er. In der Einfahrt stand der Wagen. Bordeauxrot. Hochglanzpoliert. Eines der begehrtesten Oldtimer-Cabrios weltweit. Seine Frau lag schlafend.

Er bebte, als er wieder barfuß in den Keller schlich. Er hatte kein Licht gemacht. Lauschte. Aus der kleinen ungenutzten Kammer hinter den Fahrrädern drang ein Lichtschein. Er schlich näher. Presste ein Ohr an die Tür. Leises Klappern. Das Klappern von Computertastaturen. Er schluckte mehrmals. Und drückte dann vorsichtig den Türgriff. Da saßen sie. Zwölf Stück. Winzige Headsets auf den schmalen Köpfen. Er konnte sich nicht sattsehen an den bekrallten Füßchen, die auf den Tastaturen zu tanzen schienen.

Unglücklich bis in den Tod

- gewidmet all denen, die - in ihrer Seele verroht - den lebendigen Leib einer Nacktschnecke mit der Schere durchtrennen -

Es gab nichts zu beschönigen. Sie mochte sich immer wieder bei Mondschein in dem kleinen Kellerfenster betrachten, sie wurde nicht schöner. Die viel zu kleinen Augen saßen auf langen Tentakeln, ihr Leib ein unförmiger Schlauch, ihre Haut dunkelbraun gerippt und glitschig.

Sie wünschte sich nichts sehnlicher, als auch eines dieser wunderschönen Geschöpfe zu sein, die allein ihrer Schönheit wegen geliebt wurden. Am meisten bewunderte sie Herrn M., einen stattlichen Dompfaff, dessen Brust besonders schön karmesinrot gefärbt war. Herr M. war sozusagen ihr persönliches Idol. Aber es gab noch so viele andere, die weit unter Herrn M. standen und doch so viel schöner waren als sie. Die grazilen Libellen etwa mit ihren schillernden Leibern, ihren beinahe fluoreszierenden Flügeln, die dicken Hummeln mit ihren hübschen Pelzchen oder die vielen Schmetterlinge in ihrer Pracht. Sie hatte jedesmal Tränen in den Augen, wenn sie an sie dachte, aber ihr Herz war frei von Neid. Was konnte ein Herr M. dafür, dass er so schön war?

Sie war nicht neidisch, sie war nur unglücklich über ihre eigene Erscheinung. Bisweilen so unglücklich, dass sie sich ungeschickt zwischen zwei Steine duckte, um eine Weile ungesehen weinen zu können.

Freunde und Bekannte schüttelten nur die Köpfe, sagten, es könne ihr doch vollkommen gleichgültig sein, was andere über ihre Erscheinung dachten. Sie wusste nur, es war ihr nicht gleichgültig. Warum das so war, das wusste sie nicht.

Warum konnte sie nicht einfach sein, was sie war? Wie die anderen auch. Wie war sie überhaupt jemals auf die Idee gekommen, sich in dem Kellerfenster zu betrachten? War das der Auslöser ihres Unglücks gewesen? Sie wusste es nicht mehr.

Sie wurde zusehends schmäler, da sie oft tagelang keinen Appetit hatte. Im Gegensatz zu den anderen, die sich um nichts bekümmerten, hatte sie die Frau belauscht, in deren Garten sie lebten. Diese hatte im Beisein einer Freundin geäußert, wie sehr sie sich vor ihnen ekle, wie sehr sie sie verabscheue, wie sie sie mit einer großen Schere zerschneide. Seither hatte sie sich oft gedacht, ob es nicht besser sei, wenn die Schere ihrem unglücklichen Dasein ein rasches Ende bereite. Wenn da nur nicht diese Angst gewesen wäre... Tat es weh? War man sofort tot? Lebten die beiden Hälften noch eine Weile?

Aber ihr schlimmster Gedanke war ein anderer: Sie würde sterben als ein hässliches, ein verabscheuungswürdiges Geschöpf. Sie weinte bitterlich, als die Schere ihren schmalen Leib durchtrennte...